MW01482216

А. А. Вильгельминина

РУССКИЙ ГЛАГОЛ

ВИДЫ И ЗАЛОГИ

A. A. Vilgelminina

THE RUSSIAN VERB

ASPECT AND VOICE

University Press of the Pacific
Honolulu, Hawaii

The Russian Verb:
Aspect and Voice

by
A. A. Vilgelminina

ISBN: 1-4102-1827-9

Copyright © 2004 by University Press of the Pacific

Reprinted from the original edition

University Press of the Pacific
Honolulu, Hawaii
http://www.universitypressofthepacific.com

All rights reserved, including the right to reproduce this book, or portions thereof, in any form.

TRANSLATED FROM THE RUSSIAN BY V. KOROTKY

DESIGNED BY E. ARGUTINSKY

PUBLISHERS' NOTE

A. A. Vilgelminina's book is intended as a guide in studying the system of Russian verb forms for Aspect and Voice, which are among the most difficult grammatical categories. It is not meant for the general reader, but is primarily intended for teachers of Russian and students specialising in Russian or the Slavonic languages in general. The book may also prove useful to those who, knowing the fundamentals of Russian, wish to read Russian literature, since it deals with verb forms which are not explained in Russian-English dictionaries and present difficulties that can be overcome only if the Russian verb system is understood.

The book is divided into two parts, Part I, *Aspect*, and Part II, *Voice*. Part I comprises five sections. The first section gives the definition of Aspect, its meaning and formal characteristics. The second section deals with the meanings of verb prefixes used to form the Perfective Aspect. The third section explains the formation of Aspects and Aspect stages, discussing mainly the means of Aspect formation (prefixes, suffixes, etc.). The fourth section, on the other hand, deals with the semantic side of Aspect formation: the correlation between the meanings of Aspect forms. The fifth section, which consists of only 4 tables, provides supplementary material on the interchange of sounds in Aspect formation.

Part I is followed by Exercises with the Key to them. Nearly all the exercises are compiled from classic and modern Russian authors and they require of the student a fairly wide range of Russian vocabulary. People wishing to study the Russian verb system only for general linguistic purposes need not do the exercises.

Part II consists of 17 tables. It first deals with transitive and intransitive verbs and then with the problem of Voice in general and, finally, with more specific categories: the Active Voice, the Passive Voice and the Middle Reflexive Voice and its subgroups.

At the end of Part II Exercises with the Key to them are supplied. Students reading the book for general linguistic purposes need not do the exercises.

CONTENTS

ASPECT 7
  I. Aspect of Verbs 7
  II. Meanings of Verb Prefixes 22
  III. Formation of Aspects of the Verb and of the Aspect Stages 36
  IV. Correlation of Aspect Forms 74
  V. Vowel and Consonant Changes as an Additional Sign of Aspect 88
Exercises 92
Key to the Exercises 101
VOICE 107
Exercises 134
Key to the Exercises 140

ASPECT

I
ASPECT OF VERBS
(Two Aspects of Verbs, Their Meanings and Morphological Peculiarities)
(*8 Tables*)

Table 1

ASPECT

Aspect is one of the main characteristics of the Russian verb; it affects all verb forms. Aspect denotes that the action of the verb is considered:

I. In its progress, in the process of accomplishment, and hence in its duration or repetition.

Examples:
 решáть *to seek a solution*
 писáть *to write*
 покáшливать *to cough from time to time*

Such verbs belong to the *Imperfective Aspect*.

II. As limited, as concentrated on one of the two limits of its development, either the beginning or the end, the result.

Examples:
 решúть *to find a solution*
 написáть *to write (to have written)*
 закричáть *to begin to shout*

Such verbs belong to the *Perfective Aspect*.

Thus, there are two aspects.

Imperfective Aspect	Perfective Aspect
Рабо́чие **стро́или** дом. *The workers were building a house.*	Рабо́чие **постро́или** дом. *The workers had built a house.*
Де́вушка **писа́ла** письмо́. *The girl was writing a letter.*	Де́вушка **написа́ла** письмо́. *The girl had written (wrote) a letter.*
Мать сиде́ла у окна́ и **ши́ла**. *The mother sat at the window sewing.*	Мать **сши́ла** до́чери краси́вое пла́тье. *The mother made a beautiful dress for her daughter.*
Ты **реша́л** зада́чи по фи́зике? *Did you solve problems in physics?*	Ты **реши́л** зада́чи по фи́зике? *Have you solved the problems in physics?*
Ора́тор **говори́л** до́лго. *The speaker was speaking for a long time.*	Ора́тор **сказа́л** о на́ших зада́чах. *The speaker spoke of our tasks.*
Я мно́го раз **говори́л** об э́том с отцо́м. *I spoke to father about it many times.*	Я **сказа́л** об э́том отцу́. *I told father about that.*

Table 2

CHARACTERISTICS OF IMPERFECTIVE VERBS

The Imperfective Aspect denotes that the action expressed by the verb is presented in its progress, in the process of accomplishment, and hence in its duration or repetition.

It may be:

1. A prolonged (concrete or non-concrete) uninterrupted action:

Лети́т ко́ршун над са́мой землёй. (Чéхов)	The kite is flying very low over the earth. (Chekhov)
Грузови́к мча́лся по широ́кой со́лнечной доро́ге. (Гайда́р)	The lorry was speeding along the wide sunlit road. (Gaidar)
Нет! Остава́ться одно́й и терпе́ть таку́ю му́ку сил у неё бо́льше нет. (Гайда́р)	No! She just hadn't the strength to remain alone and suffer such a torture. (Gaidar)
Ему́ сни́лась пе́чка. (Чéхов)	He was dreaming of a stove. (Chekhov)
Ве́тки цвету́щих чере́шен смо́трят мне в окно́. (Ле́рмонтов)	The branches of the flowering cherry-trees peep into my window. (Lermontov)

2. A prolonged interrupted action (iterative):

(a) an action recurring at regular or irregular intervals:

Ме́дленно пока́чивался высо́кий запылённый ку́зов каре́ты, из-за кото́рого видне́лся и́зредка кнут, кото́рым пома́хивал ку́чер. (Л. Толсто́й)	The tall dusty body of the carriage swayed slowly and from time to time the coachman's whip, which he waved occasionally, showed in front. (L. Tolstoi)
Я быва́л на Ура́ле. (*Cf.* Я был на Ура́ле.)	I have been in the Urals (several times). (*Cf.* I was in the Urals once.)

(b) an action which does not take place "at one go:"

Он ел и броса́л ей [соба́ке] кусо́чки. (Чéхов)	He was eating and throwing small bits to it [the dog]. (Chekhov)
Го́луби жи́ли у меня́ припева́ючи, пока́ на черда́к не на́чал ходи́ть чёрный кот. (Шатро́в)	The pigeons lived in clover in my place until a black cat began paying visits to the garret. (Shatrov)

3. The idea of recurrence is clearly expressed in frequentative verbs (see Table 3):

Я зá уши егó дирáла, тóлько мáло. (Грибоéдов)	I used to pull his ears, but not often enough. (Griboyedov)
Я дéлывал с ними грибны́е набéги. (Некрáсов)	We used to go mushrooming together. (Nekrasov)

A sign of an imperfective verb is that it is often modified by one of the adverbs: *чáсто* 'often', *обы́чно* 'usually', *обыкновéнно* 'usually', *дóлго* 'for a long time', etc. or by adverbial phrases and subordinate clauses denoting that the action of the verb is a prolonged one:

...В дли́нные зи́мние вечерá, когдá столя́р строгáл и́ли читáл вслух газéту, Федю́шка *обыкновéнно* **игрáл** с нéю [с собáкой]. (Чéхов)	...During the long winter evenings, when the joiner was planing or reading a newspaper aloud, Fedyushka usually played with it [the dog]. (Chekhov)
Мы *чáсто* **сходи́лись** вмéсте и **толковáли** вдвоём об отвлечённых предмéтах... (Лéрмонтов)	We often used to meet and discuss abstract matters... (Lermontov)

Table 3

FREQUENTATIVE IMPERFECTIVE VERBS

Frequentative verbs denote actions which occur at irregular intervals:

си́живать, хáживать, ви́дывать

Cf. the iterative meaning of the English 'used to sit, would sit', 'used to go/walk, would go/walk', 'used to see, would see'.

Such forms frequently occurred in the literary language of the 18-19th centuries and denoted actions which recurred at irregular intervals some time in the distant past. These verbs were used almost exclusively in the past tense.

Examples:

Я, признаю́сь, ре́дко слы́хивал подо́бный го́лос, он был слегка́ разби́т и звене́л, как надтре́снутый... (Турге́нев)	*I confess I rarely heard such a voice: it was slightly broken and sounded as if it were cracked... (Turgenev)*
Здесь ба́рин си́живал оди́н. (Пу́шкин)	*The master would sit here alone. (Pushkin)*
Ви́дывал я, дружо́чки мои́, звере́й, а тут душа́ зашла́сь. (Тендряко́в)	*I had seen all sorts of beasts, my dears, but in this case my heart sank into my boots. (Tendryakov)*

Table 4

CHARACTERISTICS OF PERFECTIVE VERBS

The characteristic feature of perfective verbs is that they indicate an *inherent limit of the action*.

Inherent Limit of Action

The action of a perfective verb is limited in time; it is confined in its performance by some limit which may be:

(a) indication of the beginning of the action:

The verbs:

        зазвене́ть *to begin to ring*
        застона́ть *to begin to groan*
        затреща́ть *to begin to crack*
        побежа́ть *to begin to run*

Example:

Лес зазвене́л, застона́л, затреща́л, за́яц послу́шал и прочь побежа́л. (Некра́сов)	*The forest began to ring, groan, crack: the hare listened for a while and then ran away. (Nekrasov)*

(b) the climax of the development of the action:
The verbs:

> разволноваться *to become very worried*
> разбегаться *to warm up to running*
> расплакаться *to burst into tears*

Example:

К вечеру он **расплакался**. (Чехов)	*Towards evening he burst into tears. (Chekhov)*

(c) a time period filled with the action:
A. The verbs:

> прожить (всю жизнь) *to live (one's whole life)*
> прослушать (все лекции) *to hear (all the lectures)*
> прослужить (все годы) *to serve (all the years)*
> проговорить (какое-то время) *to talk (throughout a definite space of time)*
> просидеть (какое-то время) *to sit (throughout a definite space of time)*

Examples:

Всю свою жизнь художник Н. А. Ярошенко **прослужил** в стенах старого арсенала.	*The artist N. A. Yaroshenko worked all his life within the walls of the old arsenal.*
Попрыгунья-стрекоза лето красное **пропела**.(Крылов)	*The light-headed Dragon-Fly sang the beautiful summer. (Krylov)*

B. The verbs:

> покашлять (немного) *to cough (for a while)*
> помолчать (немного) *to keep silent (for a while)*
> поговорить (немного) *to talk (for a while)*

Examples:

Они **посидели, поговорили**. (Чехов)	*They sat and talked for a while. (Chekhov)*
Она **постояла**, подумала. (Гайдар)	*She stood and thought for a while. (Gaidar)*

(d) instantaneousness or "singleness" of the action:
The verbs:

свистнуть *to give a whistle*
стегнуть *to whip*
крикнуть *to give a shout*
прыгнуть *to jump*
махнуть *to wave*
кивнуть *to nod*
толкнуть *to push*
дёрнуть *to pull*

Example:

Дениска весело **свистнул** и **стегнул** по лошадям. (Чехов)	Deniska gave a merry whistle and whipped the horses. (Chekhov)

(e) achievement of the result, upon which the action ceases:
The verbs:

сломать *to break*
посбивать *to strike / shake down*
решить *to find a solution*
выучить *to learn; to teach*
написать *to write*
сделать *to do, to make*
испугать *to frighten*
надписать *to superscribe*
срубить *to cut*

Examples:

В саду ночью ветром **посбивало** все яблоки и **сломало** одну старую сливу. (Чехов)	At night the wind shook down all the apples in the orchard and broke one old plum-tree. (Chekhov)
Старик **выучил** племянника грамоте. (Никулин)	The old man taught his nephew to read and write. (Nikulin)
Я довольно легко **решил** какую-то задачу из алгебры (И. Гончаров).	I solved a problem in algebra without much difficulty. (I. Goncharov)

(f) completion of the action, upon which the action ceases:

The verbs:

> отзвучáть *cease (of a sound, music, etc.)*
> отцвестú *to fade (to finish blossoming)*
> отзвенéть *to cease ringing*
> поýжинать *to have one's supper*
> допéть *to sing to the end*
> дочитáть *to read to the end*
> дописáть *to write to the end*

Example:

...Вот и **отпéли** донские соловьи дорогим моему сердцу Давыдову и Нагульнову, **отшептáла** им поспевающая пшеница, **отзвенéла** по камням безымянная речка, текущая откуда-то с верховьев Гремячего буеракa... Вот и всё! (Шóлохов)

...So for the last time the Don nightingales sang to Davydov and Nagulnov, who are so dear to my heart, for the last time the ripening wheat rustled for them, and the small nameless stream flowing over the stones from the top of Gremyachy Gully babbled its last tribute to them... That was all! (Sholokhov)

(g) complete exhaustion of the object of the action or complete spending of the action itself, upon which the action ceases:

The verbs:

> исходúть *to walk all over*
> изъéздить *to go all over*
> исколесúть *to travel all over*
> изрéзать *to cut up*
> наговорúться *to talk to one's heart's content*
> набéгаться *to have had enough of running about*
> налетáться *to fly to one's heart's content*
> накупáться *to bathe to one's heart's content*
> истомúться *to be in an agony of suspense*

Examples:

Го́рький исходи́л всю Росси́ю пешко́м. Леско́в исколеси́л её на почто́вых лошадя́х. (Шо́лохов)	Gorky walked all over Russia. Leskov travelled all over the country by post-chaise. (Sholokhov)
Пове́рьте мне, я́-то уж доста́точно налета́лся в свое́й жи́зни. (Кри́вин)	Believe me, I've had enough flying in my life. (Krivin)

Note. — Unlike the verbs in (f), the verbs in (g) stress the complete exhaustion of desire or capacity of the agent or object of the action.

Table 5

PECULIARITIES IN THE USE OF VERBS OF DIFFERENT ASPECTS

Imperfective verbs may merely name the action without specifying whether it is prolonged or presenting it in progress.

Examples:

Неда́ром Нарза́н называ́ется богаты́рским ключо́м. (Ле́рмонтов)	It is not for nothing that Narzan is called the spring of giants. (Lermontov)
Он знал — так де́лать бы́ло нельзя́... (Гайда́р)	He knew he shouldn't have acted in that way... (Gaidar)

Occasionally, an imperfective verb may be used in a perfective meaning.
Consider the aspect meanings of the verb *чита́ть* 'to read' in the following sentences:

Что вы де́лали в воскресе́нье?	What were you doing on Sunday?
В воскресе́нье я чита́л после́дний рома́н Фе́дина.	On Sunday I was reading Fedin's latest novel.

In the question, the imperfective verb *де́лали* denotes the action as a process. In the answer, the imperfective verb *чита́л* also denotes the action as a process.

Compare this aspect meaning of the verb *чита́ть* with its meaning in these sentences:

Вы чита́ли после́дний рома́н Фе́дина?	Have you read Fedin's latest novel?
Да, после́дний рома́н Фе́дина я чита́л.	Yes, I have read Fedin's latest novel.

Here the verb forms *чита́ли* and *чита́л* do not denote the action as a process, they merely name the action, which has a perfective meaning *чита́ли* = *прочли́*, *чита́л* = *прочёл*.

However, unlike the perfective verb, the imperfective verb has a more general, more abstract meaning. *Я чита́л Фе́дина* 'I read Fedin' means 'I am acquainted with Fedin's novels, I know them'. *Я прочёл рома́н Фе́дина* 'I have read Fedin's novel' is a more concrete statement.

Also compare:

Обы́чно я встаю́ в 7 утра́, умыва́юсь, одева́юсь, ем и иду́ на рабо́ту.	I usually get up at 7 in the morning, wash, dress, have my meal and go to work.
Я встаю́ в 7 утра́; умо́юсь, оде́нусь, пое́м и бегу́ на рабо́ту.	I get up at 7 in the morning, wash, dress, have my meal and hurry to work.

In the above two sentences, the verbs *умыва́юсь*, *одева́юсь*, *ем* have the same meanings as *умо́юсь*, *оде́нусь*, *пое́м*, i.e. they merely name the actions without any reference to their duration or limit.

The use of perfective verbs makes the narrative more lively.

Table 6
ASPECT IN THE VERB PARADIGM
ASPECT AND TENSE IN THE INDICATIVE MOOD

Imperfective Aspect решáть (что дéлать?) *to solve*	Perfective Aspect решúть (что сдéлать?) *to find a solution*
Present Tense	
я решáю ты решáешь он решáет мы решáем вы решáете онú решáют *The stem:* реша(й) [reshá(j)]	—
Past Tense	
я решáл, -а ты решáл, -а он решáл онá решáла онó решáло мы решáли вы решáли онú решáли *The stem:* реша-	я решúл, -а ты решúл, -а он решúл онá решúла онó решúло мы решúли вы решúли онú решúли *The stem:* реши-
Future Tense	
Compound Future я бýду решáть ты бýдешь решáть он, онá, онó бýдет решáть мы бýдем решáть вы бýдете решáть онú бýдут решáть	**Simple Future** я решý ты решúшь он, онá, онó решúт мы решúм вы решúте онú решáт *The stem:* реш-
Imperfective verbs have three tenses: the present, past and the compound future.	Perfective verbs have two tenses: the past and the simple future.

ASPECT AND THE SUBJUNCTIVE MOOD

Imperfective Aspect	Perfective Aspect
я, ты, он реша́л бы я, ты, она́ реша́ла бы мы, вы, они́ реша́ли бы	я, ты, он реши́л бы я, ты, она́ реши́ла бы мы, вы, они́ реши́ли бы

ASPECT AND THE IMPERATIVE

Imperfective Aspect	Perfective Aspect
реша́й — реша́йте	реши́ — реши́те

ASPECT AND VERBALS

(Participles and Verbal Adverbs)

Participles		
Imperfective Aspect		Perfective Aspect
реша́ющий	Present Tense — Active Voice	—
реша́вший	Past Tense — Active Voice	реши́вший
реша́емый	Present Tense — Passive Voice	—
—	Past Tense — Passive Voice	решённый
Verbal Adverbs		
реша́я		реши́в

Table 7

STRUCTURE OF THE STEM IN THE INFINITIVE

The stem of the Infinitive is the verb in the Infinitive minus the infinitive-forming suffix *-ть* or *-ти: писа́ть* 'to write', *нести́* 'to carry', *мыть* 'to wash', *забыва́ть* 'to forget'.

Simple Stems	
Imperfective Aspect	
лить *to pour* мыть *to wash* нести́ *to carry*	The stem is identical with the root.
Derivative Stems	
Perfective Aspect	
вы́лить *to pour out* отмы́ть *to wash clean* принести́ *to bring*	The stem consists of the root and a prefix.
Imperfective Aspect	
води́ть *to lead* носи́ть *to carry* быва́ть *to be (sometimes)*	The stem consists of the root and a suffix.
вылива́ть *to pour out* забыва́ть *to forget* приноси́ть *to bring*	The stem consists of the root, a prefix, and a suffix.

Note. — The ending *чь* of the infinitive of some verbs is a result of the merging of the final *г* or *к* of the stem with the *т* of the infinitive ending:

```
мочь = мог + ти
печь = пек + ти
```

Table 8

MORPHOLOGICAL CHARACTERISTICS OF THE ASPECT

IMPERFECTIVE ASPECT

The following verbs are of the Imperfective Aspect:

1. Verbs with derivative stems and no prefixes:

    писа́ть *to write*   носи́ть *to carry*
    смотре́ть *to look*   га́снуть *to go out*
                 рисова́ть *to draw*

2. Verbs with derivative stems with prefixes and the suffixes *-а- (-я-), -ва-, -ыва- (-ива-)*:

    выступа́ть *to perform*   осма́тривать *to examine*
    узнава́ть *to recognise*   подпи́сывать *to sign*

3. Certain verbs with simple stems ending in a vowel:

    мыть *to wash*   петь *to sing*
    лить *to pour*   коло́ть *to chop*
    дуть *to blow*   тере́ть *to rub*
    мять *to crumple*   брать *to take*

4. Certain verbs (verbs of motion among them) with simple stems ending in a consonant:

    пасти́ *to graze*   идти́ *to go*
    цвести́ *to flower*   ползти́ *to crawl*
    красть *to steal*   лезть *to climb*
    печь *to bake*   везти́ *to carry*
    мочь *to be able, can, may*   вести́ *to lead*

PERFECTIVE ASPECT

The following verbs are of the Perfective Aspect:

1. Verbs with derivative stems with prefixes:

    написа́ть *to write from beginning to end*
    посмотре́ть *to have a look*
    погасну́ть *to go out*
    нарисова́ть *to draw*

        зацвести́ *to begin to blossom*
        отвезти́ *to carry away*
        принести́ *to bring*

2. Verbs with derivative stems with the suffix *-ну-* (productive type verbs):

    кри́кнуть *to give a shout*   дви́нуть *to move*
    взмахну́ть *to wave*   тро́нуть *to touch*

3. Verbs with derivative stems with the suffix *-и-* (their imperfective counterparts contain the suffix *-а- (-я-):*

реши́ть *to find a solution*   заяви́ть *to declare*
бро́сить *to throw*   отве́тить *to give an answer*
пусти́ть *to let*   ко́нчить *to end, to finish*

4. Certain verbs with simple stems:

    пасть *to fall*   лечь *to lie down*
    дать *to give*   встать *to stand up*
    сесть *to sit down*   деть *to put, to do (with)*

II
MEANINGS OF VERB PREFIXES
(3 Tables)

Verb prefixes play an important part in the formation of the Aspects. When added to a verb, prefixes may affect the meaning of the verb and may change its Aspect. The verb prefixes may be divided into three large groups. The first group comprises prefixes with concrete meanings which are often identical with the meanings of prepositions. Such prefixes change the lexical meaning of the verbs and turn imperfective verbs into perfective ones. The second group comprises prefixes with abstract meanings. They describe how the action develops in time or show the relation between the verb and its subject or object. The third group consists of aspect-formative prefixes, which change the aspect of the verb without affecting its lexical meaning.

However, it must be borne in mind that a particular prefix may have several meanings and may therefore belong to different groups.

Below we give a more detailed analysis of the meanings of prefixes.

Table 1

CONCRETE PREFIXES AND THEIR MEANINGS

Prefix	Meaning	Prefix of Opposite Meaning	Examples
в- (во-)	direction of the action into some object (corresponds to the preposition в)	вы-, из-	войти́ *to go in(to)*, внести́ (в дом) *to carry (into the house)*, влете́ть *to fly (into)*, вбить (в сте́ну) *to hammer (into the wall)*, впада́ть: река́ впада́ет в мо́ре *to fall (into): the river falls into the sea*, вста́вить (стёкла в ра́мы) *to fit (glass in windows)*, вмеша́ться (в разгово́р) *to cut (into conversation)*, влюби́ться (в де́вушку) *to fall in love (with a girl)*, etc.*
воз- (вз-, вос-, вс-, взо-)	direction of the action upward	с-	взойти́ (на́ гору) *to climb (up a mountain)*, взлете́ть (на во́здух) *to fly up (into the air)*, вознести́ *to raise/exalt*, вски́нуть *to throw up*, вспорхну́ть *to take wing*, вспаха́ть *to plough up*, воспе́ть *to sing praise*, вздохну́ть *to sigh*

* Here and elsewhere verbs of abstract meaning are also given if their prefixes still retain some of the principal concrete meaning.

Continued

Prefix	Meaning	Prefix of Opposite Meaning	Examples
вы-	direction of the action from within (corresponds to the preposition из)	в-	вы́йти to go out, вы́лететь to fly out, вы́нуть to take out, вы́тащить to drag out, вы́бросить to throw away, вы́гнать to drive out, вы́пустить to let out
до-	reaching a space limit (corresponds to the preposition до)	от-	добежа́ть (до реки́) to run as far as (the river), дойти́ to walk as far as, дое́хать to drive as far as, довести́ (до чего́-либо) to lead (to some place), догна́ть (кого́-либо) to overtake (someone), дости́чь (чего́-либо) to reach (some place)
за-	(a) movement behind (beyond) an object (corresponds to the preposition за)	вы-	(a) зайти́ (за дом) to go (behind a house), залете́ть (за го́ры) to fly (beyond the mountains)
	(b) covering, concealing an object		(b) засы́пать (зе́млю сне́гом) to cover (the ground with snow), заве́шать (сте́ны карти́нами) to hang (the walls with pictures)

Continued

Prefix	Meaning	Prefix of Opposite Meaning	Examples
на-	(a) movement to meet the surface of an object	с-	(a) наéхать (на кáмень) *to run against (a stone)*, набежáть (на бéрег) *to roll (on to the shore)*
	(b) superimposition on an object (corresponds to the preposition *на*)		(b) накрыть (стол скáтертью) *to cover (a table with a table-cloth)*, наклéить (мáрку) *to stick (a stamp)*
над-	(a) joining an additional part to an object		(a) надстрóить (дом) *to build an additional storey (to a house)*, надстáвить (плáтье) *to lengthen (a dress)*, надвязáть *to lengthen (by knitting)*, надшить *to lengthen (by sewing)*, надписáть *to superscribe*
	(b) partial fulfilment of an action		(b) надрéзать *to make an incision*, надкусить *to bite slightly*

25

Continued

Prefix	Meaning	Prefix of Opposite Meaning	Examples
о- (об-, обо-)	(a) direction of the action round an object (b) direction of the action past an object (c) removal of the external part of an object (d) covering the surface of an object		(a) **об**ойти́ *to walk round*, **объ**ехать (полми́ра) *to travel round (half the world)*, **об**нести́ (сад забо́ром) *to surround (an orchard with a fence)*, **о**городи́ть *to fence (in/off)* (b) **объ**е́хать (стороно́й боло́та) *to make a detour (round the marshes)* (c) **о**чи́стить *to peel*, **об**глода́ть *to pick clean* (d) **о**кле́ить (сте́ны обо́ями) *to paper (the walls with wallpaper)*, **об**и́ть (дверь войло́ком) *to cover (a door with felt)*
от- (ото-)	movement away from something (corresponds to the preposition *от*)	*под-* (meaning "b")	**от**ойти́ *to go away*, **отъ**е́хать *to drive away*, **от**толкну́ть *to push off*, **от**дви́нуть *to move off*, **от**ре́зать *to cut off*

Continued

Prefix	Meaning	Prefix of Opposite Meaning	Examples
пере-	(a) movement across an object or from one place to another (corresponds to the preposition **через**) (b) 'remake', 'make again in a different way'		(a) **пере**плы́ть (ре́ку) *to swim across (a river)*, **пере**е́хать (мост, че́рез мост) *to drive across (a bridge)*, **пере**е́хать (вообще́ куда́-либо на но́вое ме́сто) *to move (to a new place in general)*, **пере**сади́ть *to transplant*, **пере**прыгнуть *to jump over* (b) **пере**де́лать *to remake*, **пере**писа́ть *to rewrite*, **пере**ду́мать *to change one's mind*
при-	approaching, addition	*у-* (meaning "b")	**при**е́хать *to arrive*, **при**плы́ть *to come swimming*, **при**лете́ть *to come flying*, **при**везти́ *to bring* **при**ши́ть *to sew on*, **при**лепи́ть *to stick on*, **при**стро́ить (что́-либо к чему́-либо) *to build (something in addition to something else)*

27

Continued

Prefix	Meaning	Prefix of Opposite Meaning	Examples
под-	(a) direction of the action under an object	*от-*	(a) подшить *to sew underneath,* подложить *to lay under,* подписать *to affix a signature,* подчеркнуть *to underline*
	(b) approaching an object (corresponds to the preposition *к*)		(b) подбежать *to run up,* подлететь *to fly up,* подъехать *to drive up*
про-	direction of the action across or through an object		проколоть *to pierce,* прорвать *to break through,* пронести *to carry across,* продеть (нитку в иголку) *to get (the thread through the eye of a needle),* проехать *to drive across,* пройти *to walk across*
раз-	(a) division of an object into parts or separation of the parts the object is composed of	*с-* (meaning "с")	(a) разбить *to break,* разорвать *to tear,* развести *to draw apart,* распороть *to rip,* разъединить *to separate*
	(b) spreading of the action in different directions		(b) раскидать *to scatter,* разъехаться *to depart (each his own way)*

Continued

Prefix	Meaning	Prefix of Opposite Meaning	Examples
с-	(a) movement downward	вз-	(a) съе́хать *to come down*, слете́ть *to fly down*, сбро́сить *to throw down*, свали́ть *to knock down*
	(b) removal from the surface of an object		(b) сбрить (бо́роду) *to shave off (one's beard)*, стере́ть (пыль) *to wipe off (the dust)*
	(c) convergent movement; joining into one whole (corresponds to the preposition *c*)	раз-	(c) свали́ть (всё в ку́чу) *to put (all the things in a heap)*, смета́ть (куски́ мате́рии) *to baste (pieces of material)*, сколо́ть (листки́ бума́ги) *to pin (sheets of paper) together*, съе́хаться *to come together*, сойти́сь *to come together*, соедини́ть *to join*
у-	(a) complete removal	при-	(a) уе́хать *to go away*, унести́ *to carry away*, уплы́ть *to swim away*, улете́ть *to fly off*, утащи́ть *to drag away*, убра́ть *to remove*
	(b) covering, burying an object (cf. meaning "b" of *за-*)		(b) уве́шать (сте́ны кова́ми) *to hang (the walls with carpets)*, усы́пать (путь ро́зами) *to strew (the way with roses)*

Table 2

PREFIXES OF ABSTRACT MEANING DESCRIBING AN ACTION IN PROGRESS

PREFIXES SHOWING INTENSITY OF ACTION (EITHER WITHIN THE SUBJECT OR IN REGARD TO THE OBJECT OF THE ACTION)

Intensive Manifestation of Action

вз- (воз-, вос-, вс-): взвыть *to set up a howl,* взреветь *to utter a roar,* etc.

вы-: вы́топтать *to trample (all) down,* вы́варить *to boil down,* вы́белить *to whitewash all over,* вы́жать *to squeeze out,* вы́пачкать *to soil heavily,* вы́мазать *to smear heavily;* вы́просить *to obtain by asking,* вы́молить *to obtain by entreaties,* вы́ходить *to nurse (back to health),* вы́страдать *to gain through much suffering,* вы́говорить (себе право) *to reserve (oneself a right),* вы́работать *to work out,* etc.

за-: затерзать *to torture,* замучить *to wear out (with difficulty, suffering);* заносить (до дыр) *to wear (into holes),* запакостить *to foul all over,* etc.

из- (ис-): измучить(ся) *to be/get tired out,* исстрадаться *to wear oneself out with suffering,* истерзать(ся) *to worry (oneself) to death,* испачкать *to soil,* измазать *to smear all over,* испакостить *to dirty all over,* etc.

пере-: перезябнуть *to get chilled through,* перемёрзнуть *to get frozen through,* перетерпеть *to suffer a lot,* etc.

Manifestation of Action in a Small Degree

по-, при-: поунять *to curb somewhat,* поумерить *to moderate somewhat,* понатужиться *to strain oneself a little;* призадуматься *to become somewhat thoughtful,* притихнуть *to become somewhat quieter,* приумолкнуть *to grow quieter,* etc.

PREFIXES SHOWING THE PROGRESS OF ACTION IN TIME (TEMPORAL PREFIXES)

за-, по-: beginning of the action:

>запе́ть *to begin to sing*, закрича́ть *to begin to shout*, пойти́ *to set out/off*, побежа́ть *to begin to run*, etc.

по-: short duration of the action:

>попе́ть *to sing (for a while)*, попла́кать *to cry (for a while)*, постоя́ть (мину́тку) *to stand (for a while)*, etc.

про-: limitation of the action to a definite period of time:

>проходи́ть (це́лый день) *to walk (the whole day)*, пропла́кать (весь ве́чер) *to cry (the whole evening)*, проговори́ть (три часа́) *to talk (for three hours)*, etc.

раз- (ся): climax of the action:

>разговори́ться *to warm to one's topic*, раскрича́ться *to shout at the top of one's voice*, распе́ться *to warm up to singing*, расходи́ться *to bluster*, разбушева́ться *to bluster, to rage*, разбе́гаться *to warm to running about*, etc.

на- (ся): repletion with the action:

>набе́гаться *to run to one's heart's content*, напры́гаться *to jump to one's heart's content*, наговори́ться *to talk to one's heart's content*, настрада́ться *to have suffered enough*, etc.

до-: bringing the action to an end (transitive verbs):

>допе́ть *to sing to the end*, договори́ть *to have one's say*, дое́сть *to eat up*, etc.

от-: completion and ceasing of the action (intransitive verbs):

>отцвести́ *to fade (to finish blossoming)*, отболе́ть *to have had an illness*, отзвуча́ть *to die away (to cease sounding)*, etc.

VERBS WITH A PREFIX REQUIRING A PLURAL OR COLLECTIVE NOUN AS THE OBJECT (OF TRANSITIVE VERBS) OR SUBJECT (OF INTRANSITIVE VERBS)

пере-: перечитáть (все кнйги) *to read (all the books) severally one after another,* перебйть (всех врагóв) *to kill (all the enemies) severally one after another,* переругáться *to quarrel with everyone (one after another),* etc.

по-: повытáскивать *to drag out severally one after another,* покидáть *to throw down (many or all) severally one after another,* понахлы́нуть *to rush (in quantities) severally one after another,* похватáть *to seize severally one after another,* попря́таться *to hide (one after another),* etc.

на-: напéчь (пирогóв) *to bake (a number of pies),* наколóть (дров) *to chop (some wood),* наговорúть с три кóроба *to spin a long yarn,* наговорúть (мнóго чегó-либо) *to say (a lot of things),* etc.

раз- (раз- ся): разбросáть (*imp.* разбрáсывать) *to throw (in different directions),* раскидáть (*imp.* раскúдывать) (в рáзные стóроны) *to throw (in different directions),* разъéхаться (*imp.* разъезжáться) *to depart (each his own way),* разбежáться (*imp.* разбегáться) *to run (in different directions),* etc.

In the prefix *раз-* this meaning is combined with its concrete meaning.

Examples:

Онú **разбегáлись** и чéрез минýту возвращáлись обрáтно. (Шатрóв)	They would run away (in different directions) and, a moment later, would all come back. (Shatrov)
При этих словáх толпá началá **расходúться**. (Крúвин)	On hearing this the crowd began to disperse. (Krivin)

ASPECT-FORMATIVE PREFIXES

Table 3

Aspect-formative prefixes limit the action of the verb without changing its lexical meaning.

The following prefixes frequently lose their lexical meaning: *по-, с- (со-), за-, о- (об-, обо-)*; and—not so frequently—the prefixes *вз- (вс-), из-, при-, у-*.

Prefix	Imperfective Verb without a Prefix	Perfective Verb with a Prefix
по-	гасить *to put out* дарить *to give a present* думать *to think* дуть *to blow* обедать *to have dinner* жалеть *to pity*	погасить *to put out* подарить *to give a present* подумать *to think* подуть *to blow* пообедать *to have dinner* пожалеть *to pity*
с-	делать *to do, to make* ломать *to break*	сделать *to do, to make* сломать *to break*

Continued

Prefix	Imperfective Verb without a Prefix	Perfective Verb with a Prefix
с-	прятать *to hide* шить *to sew* есть *to eat* играть *to play* лгать *to lie* уметь *to be able, can* мочь *to be able, can, may* фотографировать *to photograph* бегать *to run*	спрятать *to hide* сшить *to sew* съесть *to eat* сыграть *to play* солгать *to lie* суметь *to be able, can* смочь *to be able, can, may* сфотографировать *to photograph* сбегать *to run*
за-	молчать *to be silent* платить *to pay* хотеть *to want*	замолчать *to become silent* заплатить *to pay* захотеть *to want*
о-(об-, обо-)	слепнуть *to grow blind* глохнуть *to grow deaf* грабить *to rob* радовать *to make glad*	ослепнуть *to grow blind* оглохнуть *to grow deaf* ограбить *to rob* обрадовать *to make glad*

Continued

Prefix	Imperfective Verb without a Prefix	Perfective Verb with a Prefix
вз-(взо-, вс-)	кипе́ть *to boil* поте́ть *to sweat*	вскипе́ть *to boil* вспоте́ть *to sweat*
из-(изо-, ис-)	печь *to bake* пуга́ться *to be frightened* тра́тить *to spend*	испе́чь *to bake* испуга́ться *to be frightened* истра́тить *to spend*
при-	годи́ться *to prove useful* сни́ться *to dream*	пригоди́ться *to prove useful* присни́ться *to dream*
у-	жа́лить *to sting* ви́деть *to see* слы́шать *to hear* тону́ть *to get drowned*	ужа́лить *to sting* уви́деть *to see* услы́шать *to hear* утону́ть *to get drowned*

III

FORMATION OF ASPECTS OF THE VERB AND OF THE ASPECT STAGES
(18 Tables)

Table 1

FORMATION OF STAGE I PERFECTIVE VERBS

> *писáть* to write — *вписáть* to insert in writing

The formation of perfective verbs by adding prefixes to verbs having no prefixes is called *Stage I* aspect formation.

The initial verbs are generally imperfective.

There are 19 productive verb prefixes: *в- (во-), вз- (взо-, вс-), вы-, до-, за-, из- (изо-, ис-), на-, над- (надо-), о- (об-, обо-), от- (ото-), пере-, по-, под- (подо-), при-, про-, раз- (разо-, рас-), с-, у-,* and the negative one: *недо-*.

Initial Imperfective Verb with Derivative Stem	Stage I Perfective Verbs	Initial Imperfective Verb with Primary Stem	Stage I Perfective Verbs
писа́ть *to write*	вписа́ть *to insert in writing,* вы́писать *to write out,* дописа́ть *to write to the end,* записа́ть *to write down,* написа́ть *to write,* отписа́ть* *to answer in writing (to a letter),* переписа́ть *to copy out,* подписа́ть *to sign,* прописа́ть *to prescribe,* приписа́ть *to add in writing,* списа́ть *to copy,* недописа́ть *to leave partially unwritten,* исписа́ть *to cover with writing,* расписа́ть *to write out (parts of a play)*	нести́ *to carry*	внести́ *to carry in,* вознести́ *to rise,* вы́нести *to carry out,* донести́ *to carry as far as,* занести́ *to bring,* нанести́ *to bring (a quantity or number of),* обнести́ *to carry round,* понести́ *to carry,* отнести́ *to carry something to some place and leave it there,* пронести́ *to bring past,* поднести́ *to bring to,* принести́ *to bring,* снести́ *to carry something down,* унести́ *to carry away,* разнести́ *to deliver.*

* Used mainly in popular parlance.

Continued

Initial Imperfective Verb with Derivative Stem	Stage I Perfective Verbs	Initial Imperfective Verb with Primary Stem	Stage I Perfective Verbs
лете́ть *to fly*	влете́ть *to fly in,* взлете́ть *to fly up,* вы́лететь *to fly out,* залете́ть *to fly far away,* налете́ть *to come flying in great numbers,* облете́ть *to fly round,* отлете́ть *to fly away,* перелете́ть *to fly over,* полете́ть *to start flying,* подлете́ть *to fly up,* прилете́ть *to come flying,* слете́ть *to fly down,* улете́ть *to fly away,* недолете́ть *not to fly far enough*	бить *to beat*	вбить *to drive in,* взбить *to beat up,* вы́бить *to knock out,* доби́ть *to finish off,* забить *to drive in,* набить *to stuff (with),* обить *to upholster,* отбить *to damage (the edge of),* отбить *to break off,* перебить *to break (many or all),* пробить *to break through,* побить *to beat down,* подбить *to nail,* прибить *to wound,* сбить *to strike down,* убить *to kill*

38

Continued

Initial Perfective Verb with Derivative Stem	Stage I Perfective Verbs	Initial Perfective Verb with Primary Stem	Stage I Perfective Verbs
ки́нуть *to throw*	вски́нуть *to throw up*, вы́кинуть *to throw out*, доки́нуть *to throw far enough*, заки́нуть *to throw back*, накину́ть *to throw over*, оки́нуть (взгля́дом) *to take in (at a glance)*, переки́нуть *to throw away*, покину́ть *to throw over, to leave*, подки́нуть *to throw up*, прики́нуть *to throw in*, раски́нуть *to spread*, ски́нуть *to throw off*, недоки́нуть *to throw not far enough*	пасть *to fall*	впасть *to fall into*, вы́пасть *to fall out*, запа́сть *to fall behind*, напа́сть *to attack*, опа́сть *to fall (of leaves)*, отпа́сть *to come off*, перепа́сть *to fall to one's lot*, попа́сть *to hit*, подпа́сть *to fall under*, припа́сть *to fall on*, пропа́сть *to get lost*, распа́сться *to disintegrate*, спасть *to fall off*

Note.— The semantic connection between some of the perfective verbs and their imperfective counterparts is weakened.

FORMATION OF STAGE II IMPERFECTIVE VERBS

The formation of imperfective verbs by adding the suffixes *-ыва- (-ива-), -ва-, -а- (-я-)* to perfective verbs having prefixes is called *Stage II* aspect formation.

The commonest productive type of formation of imperfective verbs is derivation by means of the suffix *-ыва- (-ива-)*.

рабо́тать	—	зарабо́тать	—	зараба́тывать
to work		*to earn*		*to earn*

вали́ть	—	завали́ть	—	зава́ливать
to bring/throw down		*to bury*		*to bury*

The suffix *-а- (-я-)* is quite common in Modern Russian.

расти́	—	вы́расти	—	выраста́ть
to grow		*to grow up*		*to grow up*

A large group of verbs have the suffix *-и-* in the perfective aspect and *-а- (-я-)* in the imperfective:

дели́ть	—	отдели́ть	—	отделя́ть
to divide		*to separate*		*to separate*

The suffix *-ва-* is not productive in Modern Russian and occurs only after vowels:

боле́ть	—	заболе́ть	—	заболева́ть
to be ill		*to fall ill*		*to fall ill*

се́ять	—	засе́ять	—	засева́ть
to sow		*to sow*		*to sow*

Table 2
PRODUCTIVE TYPE OF FORMATION OF STAGE II IMPERFECTIVE VERBS BY MEANS OF THE SUFFIX -*ЫВА*- (-*ИВА*-)

вписа́ть to insert in writing — *впи́сывать* to insert in writing	

Initial Verbs	Stage I Perfective Verbs	Stage II Imperfective Verbs
писа́ть *to write*	подписа́ть *to sign*	подпи́сывать *to sign*
	переписа́ть *to copy out*	перепи́сывать *to copy out*
	записа́ть *to write down*	запи́сывать *to write down*
	написа́ть * *to write*	—
кра́сить *to paint*	раскра́сить *to colour*	раскра́шивать *to colour*
	закра́сить *to paint over*	закра́шивать *to paint over*
	подкра́сить *to tinge*	подкра́шивать *to tinge*
	перекра́сить *to re-paint*	перекра́шивать *to re-paint*
	покра́сить *to paint, to dye*	—

Note. — Verbs with the suffix -*ива* (-*ива-*) are stressed on the syllable preceding this suffix.

---

* Stage I verbs which differ from the initial verbs only in aspect do not give Stage II verbs.

Table 3

FORMATION OF STAGE II IMPERFECTIVE VERBS BY MEANS OF THE SUFFIX -А- (-Я-)

> освети́ть *to light up* — освеща́ть *to light up*

The suffix *-а- (-я-)* is productive when it follows a palatalised consonant or a sibilant; it is non-productive when it follows a hard consonant.

Initial Verbs	Stage I Perfective Verbs	Stage II Imperfective Verbs
дели́ть *to divide*	вы́делить *to single out*	выделя́ть *to single out*
пра́вить *to correct*	испра́вить *to correct*	исправля́ть *to correct*
свети́ть *to light*	освети́ть *to light up*	освеща́ть *to light up*
чи́стить *to clean*	очи́стить *to clean*	очища́ть *to clean*
расти́ *to grow*	вы́расти *to grow up*	выраста́ть *to grow up*
тере́ть *to rub*	растере́ть *to rub*	растира́ть *to rub*
жать *to press*	сжать *to grip*	сжима́ть *to grip*
жать *to reap*	сжать *to reap*	сжина́ть *to reap*
суди́ть *to judge*	обсуди́ть *to discuss*	обсужда́ть *to discuss*

Note 1. — Note the interchange of sounds in the roots of the above verbs.

Note 2. — The suffix *-а- (-я-)* of imperfective verbs with prefixes is invariably stressed.

Table 4
FORMATION OF STAGE II IMPERFECTIVE VERBS BY MEANS OF THE (NON-PRODUCTIVE) SUFFIX -BA-

Initial Verbs	Stage I Perfective Verbs	Stage II Imperfective Verbs
зреть *to ripen*	вы́зреть *to become mellow* созре́ть *to become ripe* недозре́ть *not to be ripe enough*	вызрева́ть *to become mellow* созрева́ть *to become ripe* недозрева́ть *not to be ripe enough*
греть *to warm*	согре́ть *to warm thoroughly* нагре́ть *to warm up*	согрева́ть *to warm thoroughly* нагрева́ть *to warm up*
дуть *to blow*	разду́ть *to blow out* наду́ть *to inflate*	раздува́ть *to blow out* надува́ть *to inflate*
бить *to beat*	наби́ть *to stuff* сбить *to strike down*	набива́ть *to stuff* сбива́ть *to strike down*
крыть *to cover*	закры́ть *to close* откры́ть *to open*	закрыва́ть *to close* открыва́ть *to open*
се́ять *to sow*	засе́ять *to sow*	засева́ть *to sow*

Note.— The suffix *-ва-* occurs only after vowels and is invariably stressed.

Table 5

FORMATION OF STAGE II IMPERFECTIVE VERBS BY-PASSING STAGE I

A number of imperfective verbs with prefixes may be formed directly from initial verbs, by-passing Stage I, by adding both a prefix and an imperfective aspect formative suffix.

Initial Verbs	Stage I Perfective Verbs	Stage II Imperfective Verbs
(a) говори́ть *to say* пляса́ть *to dance* петь *to sing*	— — —	приговáривать *to keep saying* припля́сывать *to hop* подпевáть *to hum*
(b) боле́ть *to hurt* ка́шлять *to cough* крича́ть *to shout* чеса́ть *to scratch*	— — — —	побáливать *to hurt now and then* покáшливать *to cough from time to time* покри́кивать *to shout from time to time* почёсывать *to scratch from time to time*

(a) Stage II imperfective verbs with the prefixes **при-** and **под-** mainly express actions which accompany some other actions.

Example:

Воткну́в в зе́млю па́лку, **притопывая** вокру́г неё, **приплясывая**, Си́ма Симако́в го́рдо пропе́л... (Гайда́р)

Having driven the stick into the ground, Sima Simakov sang proudly, stamping his feet and hopping around it... (Gaidar)

b) Stage II imperfective verbs with the prefix *по-* form a group expressing prolonged and interrupted actions. The prefix *по-* expresses irregular recurrence and indefinite duration of an action.

Examples:

Он и постаре́л и похуде́л, и всё пока́шливал. (Че́хов)

He had become older and thinner and he kept coughing slightly from time to time. (Chekhov)

Сам в э́то вре́мя лука́во **посме́ивался.** (Тендряко́в)

He himself was laughing in a cunning way. (Tendryakov)

Бочко́ва сиде́ла соверше́нно споко́йно и пря́мо, изре́дка **почёсывая** па́льцем под коси́нкой го́лову. (Л. Толсто́й)

Bochkova sat quite calm and straight, scratching her head under her kerchief with her finger now and then. (L. Tolstoi)

45

FORMATION OF STAGE

The formation of perfective verbs by adding a second prefix (*no-*, forma

Initial Verbs	Stage I Perfective Verbs
толка́ть *to push*	вы́толкать *to push out*
таска́ть *to drag*	натаска́ть *to drag in a quantity*
бить *to strike*	сбить *to strike down*
бить *to beat*	вы́бить *to knock out*
расти́ *to grow*	зарасти́ *to be overgrown*
брать *to take*	набра́ть *to gather*
	собра́ть *to collect*
ки́нуть *to throw*	опроки́нуть *to overturn*
ки́нуться *to throw oneself*	опроки́нуться *to overturn*
лезть *to climb*	вы́лезть *to climb out*
лови́ть *to catch*	вы́ловить *to catch (all)*
бежа́ть *to run*	вы́бежать *to run out*
гнать *to drive*	вы́гнать *to drive out*

Note.— The prefixes *по-, на-* add a meaning of result achieved they indicate plurality of the subject or object of the action. The is either a noun in the plural or a collective noun.

Examples:

У́тром ба́бушка жа́ловалась, что в саду́ но́чью ве́тром **посбива́ло** *все я́блоки.* (Че́хов)

И *мно́го* **поопроки́дывалось** везде́ *хат.* (Го́голь)

III PERFECTIVE VERBS

Table 6

на-) to Stage II imperfective verbs is called *Stage III* aspect
tion

Stage II Imperfective Verbs	Stage III Perfective Verbs
вытáлкивать *to push out*	повытáлкивать *to push out (severally one after another)*
натáскивать *to drag in a quantity*	понатáскивать *to drag in (severally one after another)*
сбивáть *to strike down*	посбивáть *to strike down (severally one after another)*
выбивáть *to knock out*	повыбивáть *to knock out (all, severally one after another)*
зарастáть *to be overgrown*	позарастáть *to become gradually overgrown*
набирáть *to gather*	понабирáть *to gather (one by one)*
собирáть *to collect*	насобирáть *to collect (one by one)*
опрокúдывать *to overturn*	поопрокúдывать *to overturn (severally one after another)*
опрокúдываться *to overturn*	поопрокúдываться *to overturn (severally one after another)*
вылезáть *to climb out*	повылезáть *to climb out (severally one after another)*
вылáвливать *to catch*	повылáвливать *to catch (all, severally one after another)*
выбегáть *to run out*	повыбегáть *to run out (severally one after another)*
выгонять *to drive out*	повыгонять *to drive out (all, severally one after another)*

by a number of successive efforts directed at many objects or subject (of an intransitive verb) or the object (of a transitive verb)

In the morning the grandmother complained that during the night the wind had shaken down all the apples in the orchard. (Chekhov)
And many huts were tipped over everywhere. (Gogol)

Table 7

PREFIXES *ПО-, НА-* AFFIXED TO STAGE I PERFECTIVE VERBS

Prefixes *по-, на-* may be affixed to Stage I perfective verbs to add to them the same meaning as to Stage II imperfective verbs.

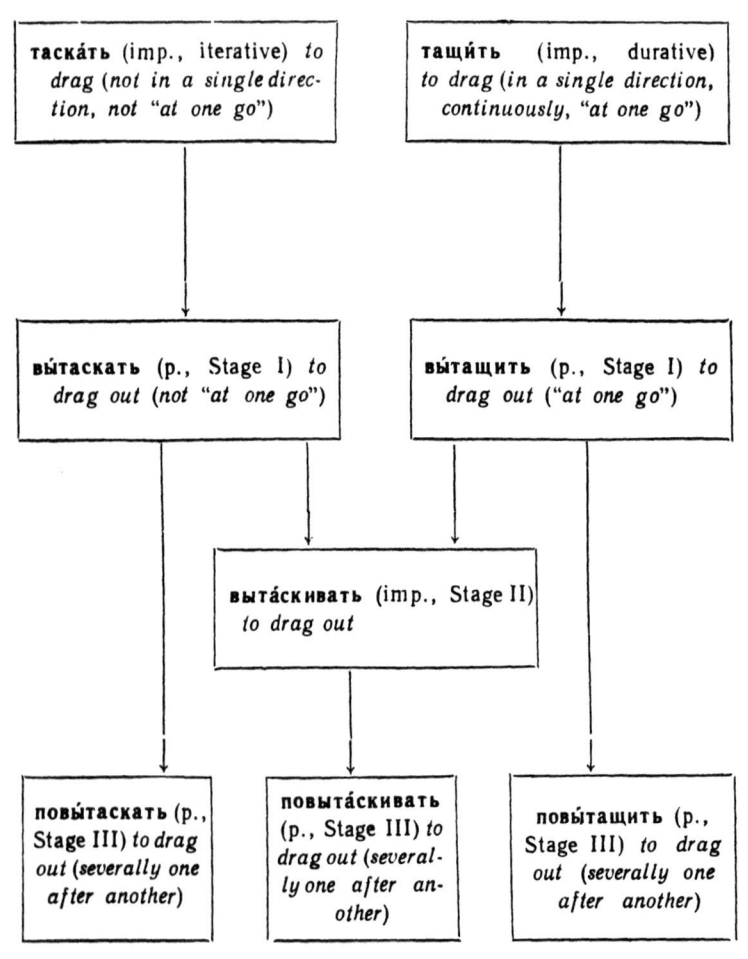

```
┌─────────────────────────┐         ┌─────────────────────────┐
│ таскáть (imp., iterative)│         │ тащи́ть (imp., durative) │
│  to drag (not in a single│         │  to drag (in a single   │
│  direction, not "at one  │         │  direction, continuously│
│  go")                    │         │  "at one go")           │
└───────────┬─────────────┘         └────────────┬────────────┘
            │                                    │
            ▼                                    ▼
┌─────────────────────────┐         ┌─────────────────────────┐
│ вы́таскать (p., Stage I) │         │ вы́тащить (p., Stage I)  │
│  to drag out (not "at    │         │  to drag out ("at one   │
│  one go")                │         │  go")                   │
└───────────┬─────────────┘         └────────────┬────────────┘
            │                                    │
            │         ┌──────────────────────┐   │
            │         │ вытáскивать (imp.,   │   │
            │         │  Stage II) to drag   │   │
            │         │  out                 │   │
            │         └──┬────────────────┬──┘   │
            │            │                │      │
            ▼            ▼                │      ▼
┌──────────────┐ ┌──────────────┐         │ ┌──────────────┐
│ повы́таскать  │ │ повытáскивать│         │ повы́тащить   │
│ (p., Stage   │ │ (p., Stage   │         │ (p., Stage   │
│ III) to drag │ │ III) to drag │         │ III) to drag │
│ out (severally│ │ out (severally│        │ out (severally│
│ one after    │ │ one after    │         │ one after    │
│ another)     │ │ another)     │         │ another)     │
└──────────────┘ └──────────────┘         └──────────────┘
```

Cf. хлы́нуть *to gush* → нахлы́нуть (на бе́рег) *to rush (on to the shore)* → понахлы́нуть (на бе́рег) *to rush (on to the shore severally one after another)* (like тащи́ть → вы́тащить → повы́таскать).

Example:

> Знать, во вре́мя сна,
> К безору́жному
> Си́лы вра́жие
> **Понахлы́нули...**
>
> (Кольцо́в)

со́хнуть *to wither* → отсо́хнуть *to wither and fall off* → поотсо́хнуть *to wither and fall off (severally one after another).*

Example:

| У нас что, *ру́ки* **поотсо́хли** и рабо́ты страша́тся? (Е. Ма́льцев) | *Have our hands withered or something, that they are afraid of work? (E. Maltsev)* |

There are cases where the relation is still more complicated.

Example:

| *Ребя́та* **повскака́ли**. | *The children jumped up one after another.* |

A more correct form would be *повска́кивали* formed by analogy with *вскочи́ть* 'to jump up' → *вска́кивать* 'to jump up time and again'. The form in common use is due to the influence of the verb *скака́ть*.

Table 8

PERFECTIVE VERBS WITHOUT PREFIXES AND WITH THE SUFFIX -*НУ*-

The suffix -*ну*- affixed to a primary verb stem adds to the verb the meaning of a single action or an action performed momentarily; less frequently it denotes achievement of a result.

Such verbs are productive and they retain the suffix -*ну*- in the past tense.

Imperfective Verbs	Perfective Verbs
кричáть *to shout*	крúкнуть *to shout* (*once*)
толкáть *to push*	толкнýть *to push* (*once*)
колóть *to prick*	кольнýть *to prick* (*once*)
дёргать *to pull*	дёрнуть *to pull* (*once*)
мигáть *to blink*	мигнýть *to blink* (*once*)
двúгаться *to move*	двúнуться *to start*
касáться *to touch*	коснýться *to touch* (*once or for a moment*)
кидáть *to throw*	кúнуть *to throw* (*once*)
трóгать *to touch*	трóнуть *to touch* (*once*)
блестéть *to glitter*	блеснýть *to glitter* (*for a moment*)
брызгать *to splash*	брызнуть *to splash* (*once*)
прыгать *to jump*	прыгнуть *to jump* (*once*)
сверкáть *to shine*	сверкнýть *to flash* (*for a moment*)
возвращáть *to return*	вернýть *to return* (*stressing completion of action*)
—	рехнýться *to go off one's head*

Note 1. — The verbs *возвращáть* and *вернýть* have different stems but approximately the same meaning.

Note 2. — The verb *рехнýться* has no imperfective aspect.

STAGES OF ASPECT FORMATION FROM PERFECTIVE VERBS HAVING NO PREFIXES AND CONTAINING THE SUFFIX -*НУ*-

дёргать *to pull* ⟵⟶ дёрнуть *to pull once*
⬇
вы́дернуть (Stage I) *to pull out*
⬇
выдёргивать (Stage II) *to pull out*
⬇
повыдёргивать (Stage III) *to pull out (severally one after another)*

толка́ть *to push* ⟵⟶ толкну́ть *to push once*
⬇ ⬇
вы́толкать *to push out* ⟵⟶ вы́толкнуть (Stage I) *to push out*
⬇
выта́лкивать (Stage II) *to push out*
⬇
повыта́лкивать (Stage III) *to push out (severally one after another)*

Table 9

IMPERFECTIVE VERBS WITHOUT PREFIXES AND WITH THE SUFFIX -*НУ*-

Imperfective verbs without prefixes and with the suffix -*ну*- denote a prolonged process.

со́хнуть *to get dry*	ки́снуть *to turn sour*
мо́кнуть *to get wet*	сле́пнуть *to grow blind*
зя́бнуть *to be freezing*	гло́хнуть *to grow deaf*
га́снуть *to go out* (of light)	мёрзнуть *to be freezing*

All these verbs are non-productive and they drop the suffix -*ну*- in the past tense: *со́хнуть — сох, со́хла; мо́кнуть — мок, мо́кла; мёрзнуть — мёрз, мёрзла*, etc. *

---

* A number of verbs without prefixes retain the suffix -*ну*- in the past tense (esp. in the masculine gender: *сох*‖*со́хнул, га́снул*‖*гас*).

Stages of Aspect Formation
мёрзнуть *to be freezing*
- замёрзнуть (Stage I) *to freeze (through or over)*
- замерзать (Stage II) *to freeze (get frozen)*
- позамерзать (Stage III) *to freeze (severally one after another)*

сохнуть *to get dry*
- засохнуть (Stage I) *to get dry completely*
- засыхать (Stage II) *to get dry*
- позасыхать (Stage III) *to dry (severally one after another)*

мокнуть *to get wet*
- намокнуть (Stage I) *to get wet through*
- намокать (Stage II) *to get wet*
- понамокать (Stage III) *to get wet through (severally one after another)*

киснуть *to turn sour*
- закиснуть (Stage I) *to turn sour*
- закисать (Stage II) *to turn sour*
- позакисать (Stage III) *to turn sour (severally one after another)*

The following four imperfective verbs with the suffix -*ну*- are productive: *тянуть* 'to pull', *льнуть* 'to cling', *тонуть* 'to get drowned', *гнуть* 'to bend' (the past tense: *тянул, льнул, тонул, гнул*).

Stages of Aspect Formation
тянуть *to pull*
- затянуть (Stage I) *to fasten*
- затягивать (Stage II) *to fasten*
- позатягивать (Stage III) *to fasten (severally one after another)*

гнуть *to bend*
- разогнуть (Stage I) *to unbend completely*
- разгибать (Stage II) *to unbend*
- поразгибать (Stage III) *to unbend (severally one after another)*

PERFECTIVE VERBS WITH PREFIXES AND THE SUFFIX -*НУ*-

Table 10

Many verbs containing the suffix -*ну*- are not used without prefixes in the literary language. They may denote an action or a state. Most of these verbs are non-productive and drop the suffix -*ну*- in the past tense.

STAGES OF ASPECT FORMATION
Non-Productive Verbs

Perfective Aspect	Imperfective Aspect
низвéргнуть *to overthrow*	низверга́ть *to overthrow*
свéргнуть *to overthrow*	сверга́ть *to overthrow*
повéргнуть *to plunge*	поверга́ть *to plunge*
извéргнуть *to disgorge*	изверга́ть *to disgorge*
ввéргнуть *to plunge*	вверга́ть *to plunge*
засти́гнуть *to take by surprise*	застига́ть *to take by surprise*
насти́гнуть *to overtake*	настига́ть *to overtake*
дости́гнуть *to reach*	достига́ть *to reach*
отвы́кнуть *to get unaccustomed (to)*	отвыка́ть *to get gradually unaccustomed (to)*
прити́хнуть *to grow quieter*	притиха́ть *to grow a little quieter*
воздви́гнуть *to erect*	воздвига́ть *to erect*

53

Productive Verbs

Perfective Aspect	Imperfective Aspect
воспря́нуть *to cheer up*	
посягну́ть *to encroach*	посяга́ть *to encroach*
отдохну́ть *to rest*	отдыха́ть *to rest*
обману́ть *to deceive*	обма́нывать *to deceive*

Table 11

FORMATION OF FREQUENTATIVE VERBS

Frequentative verbs are formed from iterative verbs without prefixes by adding the suffixes *-ыва- (-ива-), -ва, -а- (-я-)*. The verbs thus derived stress the idea of repetition (cf. the English 'used to go' or 'would go'). (See Table 3, p. 10)

Iterative Verbs	Frequentative Verbs
ходи́ть *to go, to walk*	ха́живать *to go/walk* (cf. *used to go/walk, would go/walk*)
сиде́ть *to sit*	си́живать *to sit* (cf. *used to sit, would sit*)
драть *to beat*	дира́ть *to beat* (cf. *used to beat, would beat*)
есть *to eat*	еда́ть *to eat* (cf. *used to eat, would eat*)
петь *to sing*	пева́ть *to sing* (cf. *used to sing, would sing*)
пить *to drink*	пива́ть *to drink* (cf. *used to drink, would drink*)

Note the interchange of sounds in the roots.

The addition of a prefix to frequentative verbs forms new imperfective verbs.

хáживать (cf. *used to walk, used to go*)

   похáживать *to walk, to go up and down*
   расхáживать *to walk about*
   обхáживать *to cajole*
   прохáживаться *to walk, to promenade*

сúживать (cf. *used to sit*)

   посúживать *to sit now and then*
   рассúживаться *to sit for a long time*

певáть (cf. *used to sing*)

   распевáть *to sing*
   подпевáть *to join in a song*

These verbs have concrete meanings and have no perfective counterparts. Do not confuse them with Stage II verbs:

драть *to tear*

   содрáть (Stage I) *to tear off*
   сдирáть (Stage II) *to tear off*

дирáть (frequentative) *to tear (now and then), to pull (esp. the ears)*

Сдирáть is connected with *содрáть* and has no connection with *дирáть*.

SUMMARY TABLE OF ASPECT

писáть

Imperfective Verbs	Stage I Perfective Aspect
пи́сывать *to write* (*now and then*)	вписа́ть
	вы́писать (кни́гу в библиоте́ке), вы́писаться (из больни́цы)
	дописа́ть (до конца́)
	записа́ть (что́-либо во что́-либо), записа́ться (в кружо́к, в библиоте́ку)
	исписа́ть (всю бума́гу), исписа́ться (о писа́теле)
пописывать (и́зредка) *to write* (*now and again*)	написа́ть
	пописа́ть (немно́го)
	прописа́ть (лека́рство), прописа́ться
	переписа́ть
	—
	приписа́ть
	отписа́ться
	списа́ть (что́-либо), списа́ться (с ке́м-либо)
	расписа́ть, расписа́ться

Table 12

FORMS OF THE VERB

| to write |

	Stage II Perfective Aspect
to write in	вписывать
to order (a book at the library), to be discharged (from hospital)	выписывать, выписываться
to write (to the end)	дописывать
to write down (something in something else), to join (a circle), to enroll (at a library)	записывать, записываться
to cover all over with writing, to exhaust one's talent for writing (of an author)	исписывать(ся)
to write (pure perfective)	—
to write (for a while)	—
to prescribe (a medicine), to register at one's place of residence	прописывать, прописываться
to copy	переписывать
to correspond	переписываться
to add (in writing)	приписывать
to write for form only	отписываться
to copy something, to get in touch (with someone) by writing	списывать, списываться
to describe, to sign	расписывать, расписываться

SUMMARY TABLE OF ASPECT

кида́ть to throw —

кида́ть (imp.) to throw		ки́нуть
Imperfective Aspect	**Perfective Aspect**	**Perfective Aspect Stage I**
		вы́кинуть *to throw out*
	закида́ть *to bespatter, to pelt* накида́ть *to throw on*	вски́нуть *to toss* заки́нуть *to throw away so that (it, they) cannot be recovered* наки́нуть *to throw on* оки́нуть *to take in (at a glance)*
		опроки́нуть *to overturn*
покѝдывать *to throw (from time to time)*	покида́ть (*немно́го*) *to throw (a small amount or number of)*	отки́нуть *to throw away* поки́нуть *to leave*
		переки́нуть *to throw over* подки́нуть *to throw up* прики́нуть *to throw in*
	раскида́ться (coll. familiar) *to warm up to throwing*	раски́нуться *to stretch*

↓

раски́дываться (imp., Stage II) *to stretch*

↓ ↓ ↓

| пораскида́ть (p., Stage III) *to throw about (a quantity of)* | пораски́дывать (p. Stage III) *to throw about (severally one after another)* | пораски́нуться (p., Stage III) *to stretch (severally one after another)* |

Table 13

FORMS OF THE VERB

ки́нуть *to throw*

(p.) *to throw*

Imperfective Aspect Stage II	Perfective Aspect Stage III
выки́дывать *to throw out*	повыки́дывать *to throw out (severally one after another)* повы́кидать *to throw out (severally one after another)* повы́кинуть *to throw out (severally one after another)*
вски́дывать *to toss* заки́дывать *to throw away so that (it, they) cannot be recovered* наки́дывать *to throw on* оки́дывать *to take in (at a glance)* опроки́дывать *to overturn* отки́дывать *to throw away* поки́да́ть *to leave*	поопроки́дывать *to overturn (severally one after another)*
переки́дывать *to throw over* подки́дывать *to throw up* прики́дывать *to throw in*	
Ах ты, степь моя́, Степь приво́льная, Широко́ ты, степь, **Пораски́нулась!** К мо́рю Чёрному Понадви́нулась! (К о л ь ц о́ в)	Там всё **пораски́да́ли.** (А. Остро́вский) *They had thrown everything about there. (A. Ostrovsky)*

Table 14

ASPECT PECULIARITIES OF VERBS OF MOTION

There are two different imperfective aspect forms for each of the 15 verbs of motion.

One form of each verb belongs to the *Iterative* Sub-Aspect, the other, to the *Durative* Sub-Aspect.

Verbs of the Iterative Sub-Aspect denote actions which take place not in a single direction, not "at one go," not at a given time.

Examples:

Молодая рыжая собака... **бегала** взад и вперёд по тротуару. (Чехов)	*A young carroty dog ... was running up and down along the pavement. (Chekhov)*
Сорок лет назад пароходы **плавали** медленно... (Горький)	*Forty years ago steamers sailed slowly... (Gorky)*
«**Летать** надо красиво»,— любил говорить Дмитрий Павлович. (Гагарин)	*"You must fly beautifully," Dmitry Pavlovich liked to say. (Gagarin)*

Verbs of the Durative Sub-Aspect denote actions which take place in a single direction, continuously, at a certain time.

Examples:

Мальчики собирались **бежать** куда-то в Америку. (Чехов)	*The boys were getting ready to run away to some place in America. (Chekhov)*
Неизъяснимо хорошо **плыть** по Волге осенней ночью. (Горький)	*It feels inexpressibly good to sail down the Volga on an autumn night. (Gorky)*
Лечу! **Лечу** сам! (Гагарин)	*I am flying! I am flying myself! (Gagarin)*

Verbs of the Iterative Sub-Aspect	Verbs of the Durative Sub-Aspect
бе́гать *to run*	бежа́ть *to run*
броди́ть *to wander*	брести́ *to wander*
вози́ть *to carry*	везти́ *to carry*
води́ть *to lead*	вести́ *to lead*
гоня́ть *to drive*	гнать *to drive*
е́здить *to ride*	е́хать *to ride*
ходи́ть *to walk*	идти́ *to walk*
ката́ть *to roll*	кати́ть *to roll*
ла́зить *to climb*	лезть *to climb*
лета́ть *to fly*	лете́ть *to fly*
носи́ть *to carry*	нести́ *to carry*
пла́вать *to swim*	плыть *to swim*
по́лзать *to crawl*	ползти́ *to crawl*
сажа́ть *to plant*	сади́ть * *to plant*
таска́ть *to drag*	тащи́ть *to drag*

Note.— Verbs of motion have one feature in common in the imperative; viz., in the negative form a verb of the Durative Sub-Aspect is replaced by the verb of the Iterative Sub-Aspect:

   Иди́ сюда́!   *Come here!*

but:

   Не ходи́ туда́!   *Don't go there!*

   Неси́те ве́щи в дом! *Carry the things into the house!*

but:

   Не носи́те веще́й в дом! *Don't carry the things into the house!*

In the affirmative form verbs of both sub-aspects can be used depending on the situation:

   Иди́те сюда́!   *Come here!*
   Ходи́те бо́льше пешко́м! *Walk more!*

---

* There is a growing tendency to use *сажа́ть* instead of *сади́ть*.

Table 15
VERBS OF MOTION WITH PREFIXES
DURATIVE SUB-ASPECT

Verbs of the Durative Sub-Aspect combine with a large number of concrete prefixes, thus forming perfective Stage I verbs according to the general rule.

бежа́ть to run

    прибежа́ть *to come running*
    подбежа́ть *to come up running*
    убежа́ть *to run away*
    сбежа́ть *to come down running*
    перебежа́ть *to cross (running)*
    забежа́ть *to run far away*
    обежа́ть *to run round*
    набежа́ть *to come running (severally from different directions)*

лете́ть to fly

    прилете́ть *to come flying*
    улете́ть *to fly away*
    взлете́ть *to fly up*
    подлете́ть *to come up flying*
    влете́ть *to fly in*
    перелете́ть *to cross (flying)*
    залете́ть *to fly far away*
    слете́ть *to fly down*
    облете́ть *to fly round*
    налете́ть *to come flying (severally from different directions)*

Stage II (imperfective) verbs are formed from Stage I verbs.

Initial Verbs	Stage I	Stage II
бежать *to run*	отбежать *to run off*	отбегать *to run off*
везти *to carry*	привезти *to bring*	привозить *to bring*
вести *to lead*	подвести *to lead up*	подводить *to lead up*
гнать *to drive*	загнать *to drive in*	загонять *to drive in*
ехать *to go*	уехать *to go away*	уезжать *to go away*
идти *to go (on foot)*	войти *to go / come in*	входить *to go / come in*
катить *to roll*	выкатить *to roll out*	выкатывать *to roll out*
лезть *to climb*	влезть *to climb in*	влезать *to climb in*
лететь *to fly*	взлететь *to fly up; to take off*	взлетать *to fly up; to take off*
нести *to carry*	принести *to bring*	приносить *to bring*
плыть *to swim, to float*	поплыть *to swim up, to float up*	поплывать *to swim up, to float up*
ползти *to crawl*	уползти *to crawl away*	уползать *to crawl away*
садить *to plant*	насадить *to plant (in quantities)*	насаждать *to plant (in quantities)*
	насадить *to place on*	насаживать *to place on*
тащить *to drag*	перетащить *to drag (to another place)*	перетаскивать *to drag (to another place)*

63

Stage II of the verbs -везти́, -вести́, -гнать, -идти́, -лете́ть and -нести́ (with various concrete prefixes) is identical in form with verbs formed by adding the same prefixes to the Iterative Sub-Aspect.

Stage I	Stage II	Compare:
довезти́ to carry as far as	довози́ть to carry as far as	вози́ть to carry
довести́ to lead as far as	доводи́ть to lead as far as	води́ть to lead
догна́ть to catch up (with)	догоня́ть to catch up (with)	гоня́ть to drive
дойти́ to go as far as	доходи́ть to go as far as	ходи́ть to go
долете́ть to fly as far as	долета́ть to fly as far as	лета́ть to fly
принести́ to bring	приноси́ть to bring	носи́ть to carry

In compounds of -бежа́ть and -ползти́ the stress falls on different syllables:

прибежа́ть to come running	прибега́ть to come running	бе́гать to run
подползти́ to crawl up	подполза́ть to crawl up	по́лзать to crawl

ITERATIVE SUB-ASPECT

When prefixes are added to verbs of the Iterative Sub-Aspect perfective verbs are formed. This is due to the lexical meaning of the verbs and the meaning of the prefixes.

1. Prefixes of time change verbs of the Iterative Sub-Aspect into the Perfective Aspect:

бéгать to run

    забéгать *to begin running*
    набéгаться *to run to one's heart's content*
    отбéгать *to run until one can run no more*
    побéгать *to run for a while*
    разбéгаться *to warm oneself up to running*
    сбéгать *to run to some place (and return)*

летáть to fly

    залетáть *to begin flying*
    налетáться *to fly to one's heart's content*
    отлетáть *to fly until one can fly no more*
    полетáть *to fly for a while*
    разлетáться *to warm oneself up to flying*
    слетáть *to fly to some place (and return)*

Compare any other verb not having sub-aspects:

говорúть to speak

    заговорúть *to begin to speak*
    наговорúться *to speak to one's heart's content*
    поговорúть *to speak for a while*
    разговорúться *to get into conversation*

2. Verbs of the Durative Sub-Aspect with the same prefixes have different meanings:

бежа́ть to run

    забежа́ть *to run far away*
    набежа́ть *to come running (in great numbers)*
    отбежа́ть *to run off (a little)*
    побежа́ть *to begin running*
    разбежа́ться *to run away in different directions*
    сбежа́ть *to run down*

лете́ть to fly

    залете́ть *to fly far away*
    налете́ть *to come flying (in great numbers)*
    отлете́ть *to fly away (a little)*
    полете́ть *to begin flying*
    разлете́ться *to fly away in different directions*
    слете́ть *to fly down*

In the above cases, the prefixes are different from those given in (1) and the verbs themselves (забежа́ть, залете́ть, etc.) do not form sub-aspect pairs with забега́ть, залета́ть, etc.; their meanings are different.

3. The meanings of verbs of the Iterative and Durative Sub-Aspects differ in a number of cases.

Compare:

Мать **несёт** ребёнка в я́сли.	*The mother is carrying her child to the crèche.*
Мать **но́сит** ребёнка в я́сли.	*The mother carries her child to the crèche.*
Мне ну́жно **занести́** ребёнка в я́сли.	*I must take my child to the crèche (and leave it there).*
Мать **зано́сит** ребёнка в я́сли и е́дет на рабо́ту.	*The mother takes her child to the crèche (and leaves it there) and goes to her work.*

And:

| Она́ но́сит э́то пла́тье уже́ давно́ («несёт» cannot be used here). | She has been wearing this dress for a long time. |
| Он заноси́л пиджа́к до дыр. | He has worn his coat into holes. |

In the second case, there is no pair *носи́ть — нести́*, therefore the prefix *за-* makes the verb *носи́ть* perfective, as it does in the case of any other verb, e.g. *па́чкать* 'to soil' — *запа́чкать* 'to soil.'

Also compare:

   лета́ть *to fly*
 and
   налета́ть *to fly a total of*

| Лётчик налета́л 1 000 000 киломе́тров. | The flyer flew a total of 1,000,000 kilometres. |

Here *на-* has the same meaning as in the verbs:

набра́ть (98 очко́в) *to get* (*a total of 98 points*)
наколо́ть (дров) *to chop* (*some wood*)
напе́чь (пирого́в) *to bake* (*some pies*)
наноси́ть (воды́) *to carry* (*water*)

SUMMARY TABLE OF ASPECT

летáть to fly —

летáть (imp., iterative) to fly		
Imperfective Aspect	Perfective Aspect	Perfective Aspect
		влетéть *to fly in* взлетéть *to fly up* вы́лететь *to fly out*
	залетáть (beginning of action) *to begin to fly* налетáть (1000 км) *to fly a total of (1000 km)*	залетéть *to fly as far as* налетéть *to come flying in great numbers*
облётывать *to fly round*	облетáть (всю Еврóпу) *to fly (round the whole of Europe)*	облетéть *to fly round; to be blown off (of leaves, petals, etc.)*
перелётывать *to fly over* полётывать *to fly for a while now and again*	перелетáть (всех) *to outfly everyone else* полетáть (немнóго) *to fly for a while*	перелетéть *to fly over* полетéть (beginning of action) *to begin to fly*
		подлетéть *to fly up* прилетéть *to come flying*
		разлетéться *to fly away in different directions*
	слетáть (кудá-нибудь) *to fly (somewhere and return)*	слетéть *to fly down*
		улетéть *to fly away*

FORMS OF VERBS OF MOTION

Table 16

летéть *to fly*

летéть (imp., durative) *to fly*

Imperfective Aspect	Perfective Aspect	
влетáть *to fly in* взлетáть *to fly up* вылетáть *to fly out* залетáть *to fly as far as*	повылететь *to fly out severally one after another*	повылетáть *to fly out severally one after another*
налетáть *to come flying in great numbers*	поналетéть *to come flying (in great numbers) severally one after another*	поналетáть *to come flying (in great numbers) severally one after another*
облетáть *to fly round, to be blown off (of leaves, petals, etc.)* перелетáть *to fly over*	пооблетéть *to be blown off severally one after another (of leaves, petals, etc.)*	пооблетáть *to be blown off severally one after another (of leaves, petals, etc.)*
—		
подлетáть *to fly up* прилетáть *to come flying* разлетáться *to fly away in different directions* слетáть *to fly down*	поразлетéться *to fly away severally in different directions one after another*	поразлетáться *to fly away severally in different directions one after another*
улетáть *to fly away*	поулетéть *to fly away severally one after another*	поулетáть *to fly away severally one after another*

SUMMARY TABLE OF ASPECT

ходи́ть *to go, to walk —*

ха́живать (imp., frequentative) *to go, to walk*	*ходи́ть* (imp., iterative) *to go, to walk*
	Perfective Aspect
	вы́ходить (больно́го) *to nurse through (a sick man)*
	исходи́ть (все окре́стности) *to walk (all over the surrounding countryside)*
	находи́ть (1000 км) *to walk a total of (1000 km)*
поха́живать *to go / walk up and down* прожи́ваться *to walk about*	походи́ть (немно́го) *to walk (for a while)* проходи́ть (весь день) *to walk (the whole day)*
расха́живать *to walk leisurely*	расходи́ть (о́бувь) *to wear (shoes, etc.) in order to get used to* расходи́ться (о бу́ре) *to reach a climax (of a storm)* сходи́ть (за хле́бом) *to go (and fetch some bread)*
уха́живать *to tend*	уходи́ться *to walk oneself tired*

Note.— Frequentative verbs to which a prefix has

FORMS OF VERBS OF MOTION

Table 17

идти́ *to go, to walk*

идти́ (imp., durative) *to walk*

Perfective Aspect	Imperfective Aspect	Perfective Aspect
войти́ *to go/come in* взойти́ *to ascend* вы́йти *to go out*	входи́ть *to go/come in* всходи́ть *to ascend* выходи́ть *to go out*	повыходи́ть (повы́йти) *to go out severally one after another (of many or all)*
зайти́ *to call (on)* изойти́ (слеза́ми, кро́вью) *to cry (one's eyes dry), to bleed (oneself dry)* найти́ *to find*	заходи́ть *to call (on)* исходи́ть (слеза́ми, кро́вью) *to cry (one's eyes dry), to bleed (oneself dry)* находи́ть *to find*	
обойти́ *to go round* обойти́сь *to do without* отойти́ *to step aside* перейти́ *to go across, to go over* пойти́ *to go/walk*	обходи́ть *to go round* обходи́ться *to do without* отходи́ть *to step aside* переходи́ть *to go across, to go over* —	
пройти́ *to go past, to go through* подойти́ *to come up* прийти́ *to come* прийти́сь *to fit, to suit*	проходи́ть *to go past, to go through* подходи́ть *to come up* приходи́ть *to come* приходи́ться *to fit, to suit, to be in a certain relation to someone*	
разойти́сь *to disperse; to differ* сойти́ *to get off*	расходи́ться *to disperse; to differ* сходи́ть *to get off*	
сойти́сь *to come together; to coincide* уйти́ *to go away, to leave*	сходи́ться *to come together; to coincide* уходи́ть *to go away, to leave*	

been added remain imperfective, but are not frequentative.

Table 18
VERBS WHICH HAVE NO ASPECT PAIRS
VERBS OF BOTH ASPECTS

(a) The verbs:

жени́ть *to marry*	веле́ть *to order*
дразни́ть *to tease*	венча́ть *to crown, to marry*
ра́нить *to wound*	обеща́ть *to promise*

Examples:

Я женю́сь (*pres.*) на де́вушке из сосе́днего села́.	*I am marrying a girl from a neighbouring village.*
Я женю́сь (*fut.*), как то́лько зако́нчатся полевы́е рабо́ты.	*I shall marry as soon as the work in the fields is over.*

(b) Verbs ending in *-овать, -евать:*

иссле́довать *to explore, to study*
организова́ть *to organise*

Examples:

Он за́нят тем, что организу́ет (*pres.*) заня́тия по гимна́стике.	*He is busy organising lessons in gymnastics.*
На бу́дущей неде́ле он организу́ет (*fut.*) кружо́к худо́жественного чте́ния.	*Next week he will organise an elocution circle.*

Tense Forms of Verbs of Both Aspects in the Indicative Mood

	Imperfective Aspect	Perfective Aspect
Present:	я иссле́дую, ты иссле́дуешь, *etc.*	—
Past:	я иссле́довал, ты иссле́довал, *etc.*	я иссле́довал
Future:	я бу́ду иссле́довать, ты бу́дешь иссле́довать, *etc.*	я иссле́дую, ты иссле́дуешь, *etc.*

VERBS OF ONE ASPECT ONLY

(a) Verbs which are always imperfective:

заве́довать *to manage*	отсу́тствовать *to be absent*
отрица́ть *to deny*	повествова́ть *to narrate*
нужда́ться *to need*	прису́тствовать *to be present*
ожида́ть *to expect*	сожале́ть *to be sorry*
издева́ться *to gibe*	уча́ствовать *to take part*

Tense Forms in the Indicative Mood
(Verbs which are always Imperfective)

Present Tense: я уча́ствую
Past Tense: я уча́ствовал
Future Tense: я бу́ду уча́ствовать

(b) Verbs which are always perfective:

воспря́нуть *to take heart*	очну́ться *to come to one's senses*
встрепену́ться *to rouse oneself*	рехну́ться *to go off one's head*
гря́нуть *to break out*	ри́нуться *to rush*
мо́лвить *to utter*	хлы́нуть *to rush, to gush forth*

Tense Forms in the Indicative Mood
(Verbs which are always Perfective)

Past Tense: я ри́нулся
Future Tense: я ри́нусь

IV
CORRELATION OF ASPECT FORMS
(*9 Tables*)

Table 1

CORRELATIVE ASPECT PAIRS

A verb may change its Aspect without changing its meaning. Two verbs of the same meaning in different aspects form *a correlative aspect pair*. They are in fact two forms of one and the same word.

Imperfective Aspect: петь *to sing*
Perfective Aspect: спеть *to sing (to the end)*

The verbs *петь — спеть* differ only in their aspect.

The prefix *с-* has merely added the notion of an inherent limit of the action implying the achievement of a result. In changing the aspect of the verb the prefix has not affected its lexical meaning. Such aspect pairs are correlative.

E x a m p l e s:
писа́ть — написа́ть *to write*
де́лать — сде́лать *to do*
се́ять — посе́ять *to sow*

In these examples, the prefixes *на-, с-, по-* change the aspect of the verbs without affecting their lexical meaning.

Table 2

NON-CORRELATIVE ASPECT PAIRS

In changing its aspect a verb may also change its meaning. Pairs of such verbs are *non-correlative*. In this case we have different words.

Imperfective Aspect: брать *to take*
Perfective Aspect: убрáть *to tidy up*

The verbs *брать — убрáть* differ not only in aspect but also in meaning. In changing the aspect of the verb the prefix *у-* also changes its lexical meaning.

Imperfective Aspect	Perfective Aspect
Я берý кнйгу со столá.	Онá убралá квартúру и поéхала на дáчу.
I am taking the book from the table.	*She tidied up the flat and went to the country.*

Such pairs of verbs are non-correlative.

Examples:

писáть *to write* — описáть *to describe*
дéлать *to make* — прѝдéлать *to fix (something to something else)*
горéть *to burn* — подгорéть *to be burned slightly*

In these examples, the prefixes *о-, при-, под-* change both the aspect of the verbs and their lexical meanings.

Imperfective Aspect	Perfective Aspect
Пишите нам чаще. *Write to us oftener.*	Опишите, как это случилось. *Describe to us how it happened.*
Что ты делал вчера вечером? *What were you doing last night?*	Он приделал ручку к двери. *He fixed a handle to the door.*
Огонь горел ярко. *The fire was burning brightly.*	Картофель подгорел. *The potatoes have burned (slightly).*

Table 3

HOW CORRELATIVE ASPECT PAIRS ARE OBTAINED

Correlation: primary imperfective verb + perfective prefix → perfective verb.

The following prefixes are most frequently used as aspect-formatives: *о-(об-), по-, с-(со-), за-, на-, у-, вы-, из-(ис-), про-.*

Imperfective Aspect	Perfective Aspect, Stage I
грабить *to rob*	ограбить *to rob*
слабеть *to weaken*	ослабеть *to weaken*
строить *to build*	построить *to build*
ставить *to place*	поставить *to place*
желать *to wish*	пожелать *to wish*
краснеть *to redden*	покраснеть *to redden*
варить *to boil*	сварить *to boil*

де́лать *to make, to do*	сде́лать *to make, to do*
лома́ть *to break*	слома́ть *to break*
гримирова́ть *to make up*	загримирова́ть *to make up*
плати́ть *to pay*	заплати́ть *to pay*
рисова́ть *to draw*	нарисова́ть *to draw*
корми́ть *to feed*	накорми́ть *to feed*
печа́тать *to print*	напеча́тать *to print*
жа́лить *to sting*	ужа́лить *to sting*
учи́ть *to teach*	вы́учить *to teach*
печь *to bake*	испе́чь *to bake*
тра́тить *to spend*	истра́тить *to spend*
чита́ть *to read*	прочита́ть *to read*

As a rule, new Stage II imperfective verbs cannot be formed from these Stage I verbs.

Table 4

HOW CORRELATIVE ASPECT PAIRS ARE OBTAINED

Correlation: prefixed Stage I perfective verb — Stage II imperfective verb with the suffix *-ыва- (-ива-)*

Perfective verbs with prefixes have stems ending in *-a-, -и-, -е-, -ну-,* or a consonant. This is productive aspect formation.

Perfective Verbs with the Stem ending in *-a-*

Perfective Aspect, Stage I	Imperfective Aspect, Stage II
оказа́ть *to accord*	ока́зывать *to accord*
подписа́ть *to sign*	подпи́сывать *to sign*
вы́сказать *to express*	выска́зывать *to express*
зарабо́тать *to earn*	зараба́тывать *to earn*
опозда́ть *to be late*	опа́здывать *to be late*
вы́копать *to dig out*	выка́пывать *to dig out*

Perfective Verbs with the Stem ending -и-

Perfective Aspect, Stage I	Imperfective Aspect, Stage II
спросить *to ask*	спрашивать *to ask*
отцедить *to strain off*	отцеживать *to strain off*
остановить *to stop*	останавливать *to stop*
отточить *to sharpen*	оттачивать *to sharpen*
освоить *to master*	осваивать *to master*
выбросить *to throw away*	выбрасывать *to throw away*
закончить *to finish*	заканчивать *to finish*
сосредоточить *to concentrate*	сосредоточивать *to concentrate* (see Note 1 below)
обусловить *to condition*	обусловливать *to condition* (see Note 1 below)

Perfective Verbs with the Stem ending in -е-

Perfective Aspect, Stage I	Imperfective Aspect, Stage II
обессилеть *to lose one's strength*	обессиливать *to lose one's strength*
осмотреть *to examine*	осматривать *to examine*
выздороветь *to recover one's health*	выздоравливать *to recover one's health*

Productive Perfective Verbs with the Stem ending in -ну-

Perfective Aspect, Stage I	Imperfective Aspect, Stage II
оттолкнуть *to repulse*	отталкивать *to repulse*
зачеркнуть *to cross out*	зачёркивать *to cross out*
вздрогнуть *to start, to shudder*	вздрагивать *to start, to shudder*
опрокинуть *to overturn*	опрокидывать *to overturn*
заглянуть *to look into*	заглядывать *to look into*

Perfective Verbs with the Stem ending in a Consonant

Perfective Aspect, Stage I	Imperfective Aspect, Stage II
вы́трясти *to shake out*	вытря́хивать *to shake out*
подкра́сться *to steal up*	подкра́дываться *to steal up*

Note 1. — The forms *сосредотáчивать* 'to concentrate' and *обуслáвливать* 'to condition' are mainly used in colloquial speech.

Note 2. — For the substitution of the sound *a* for the *o* of the root in forming aspect pairs by means of the suffix *-ыва- (-ива-)*, see Table 1, *Changing the Root o to a in forming Imperfective Verbs from Prefixed Perfective Verbs by means of the Suffix -ыва- (-ива-)* (p. 88).

Table 5

HOW CORRELATIVE ASPECT PAIRS ARE OBTAINED

Correlation: perfective verb with the suffix *-и-* — imperfective verb with the suffix *-а- (-я-)*.

These aspect pairs fall into four groups.

Group One. (a) Verbs without Prefixes.

Perfective Aspect	Imperfective Aspect
реши́ть *to solve, to decide*	реша́ть *to solve, to decide*
яви́ть *to show, to present*	явля́ть *to show, to present*
пусти́ть *to release*	пуска́ть *to release*

(b) Verbs with Prefixes (Stage I, formed from perfective verbs).

Perfective Aspect	Imperfective Aspect
разреши́ть *to permit*	разреша́ть *to permit*
вы́пустить *to let out*	выпуска́ть *to let out*
прояви́ть *to manifest*	проявля́ть *to manifest*
породи́ть *to give rise (to)*	порожда́ть *to give rise (to)*

Group Two. Verbs without Prefixes (pairs of verbs with prefixes are obtained in the same way as from *оказа́ть — ока́зывать*, see Table 4, p. 77).

Perfective Aspect	Imperfective Aspect
бро́сить *to throw*	броса́ть *to throw*
ко́нчить *to finish*	конча́ть *to finish*
But:	
наброси́ть *to throw on*	набра́сывать *to throw on*
око́нчить *to finish*	ока́нчивать *to finish*

Group Three. Verbs with Prefixes. Not used without a Prefix.

Perfective Aspect	Imperfective Aspect
включи́ть *to switch on*	включа́ть *to switch on*
ушиби́ть *to hurt*	ушиба́ть *to hurt*
получи́ть *to receive*	получа́ть *to receive*
возврати́ть *to return*	возвраща́ть *to return*
отве́тить *to reply*	отвеча́ть *to reply*
возрази́ть *to retort*	возража́ть *to retort*
встре́тить *to meet*	встреча́ть *to meet*
доба́вить *to add*	добавля́ть *to add*
замени́ть *to replace*	заменя́ть *to replace*
защити́ть *to defend*	защища́ть *to defend*
освободи́ть *to set free*	освобожда́ть *to set free*
оскорби́ть *to offend*	оскорбля́ть *to offend*

Group Four. Verbs with Prefixes (verbs without the prefixes are imperfective).

Perfective Aspect	Imperfective Aspect
вы́делить *to single out*	выделя́ть *to single out*
порази́ть *to strike*	поража́ть *to strike*
освети́ть *to light up*	освеща́ть *to light up*
распыли́ть *to pulverise*	распыля́ть *to pulverise*

Note.— Formation of aspect pairs by means of the prefixes *-и-* and *-а-* is productive in Modern Russian.

Table 6

HOW CORRELATIVE ASPECT PAIRS ARE OBTAINED

Correlation: perfective verb with a prefix — imperfective verb with the suffix *-а-*.

Group One. Verbs with the Suffix *-ну-*.

Perfective Aspect, Stage I	Imperfective Aspect, Stage II
поги́бнуть *to perish*	погиба́ть *to perish*
проки́снуть *to turn sour*	прокиса́ть *to turn sour*
увя́нуть *to fade*	увяда́ть *to fade*
увя́знуть *to get stuck*	увяза́ть *to get stuck*
вы́сохнуть *to dry (up)*	высыха́ть *to dry (up)*

Group Two. Verbs ending in *-чь* (with the stem ending in *-к, -г: печь* 'to bake'— *пеку́* 'I bake'; *мочь* 'to be able' — *могу́* 'I can').

Perfective Aspect, Stage I	Imperfective Aspect, Stage II
привле́чь *to attract*	привлека́ть *to attract*
запе́чь *to bake (in something)*	запека́ть *to bake (in something)*
сбере́чь *to save up*	сберега́ть *to save up*
помо́чь *to help*	помога́ть *to help*
сжечь *to burn* (transitive)	сжига́ть *to burn* (transitive)

Group Three. Verbs ending in *-сти (-сть), -зти (-зть)*.

Perfective Aspect, Stage I	Imperfective Aspect, Stage II
вы́ползти *to crawl out*	выполза́ть *to crawl out*
зале́зть *to climb*	залеза́ть *to climb*
расцвести́ *to bloom*	расцвета́ть *to bloom*
зарасти́ *to become overgrown*	зараста́ть *to become overgrown*
спасти́ *to save*	спаса́ть *to save*
соблюсти́ *to observe*	соблюда́ть *to observe*
приобрести́ *to acquire*	приобрета́ть *to acquire*

This group also includes the perfective verb *пасть* 'to fall' (*imp.* па́дать) and its aspect pairs with prefixes.

Perfective Aspect, Stage I	Imperfective Aspect, Stage II
напа́сть *to attack*	напада́ть *to attack*
попа́сть *to hit*	попада́ть *to hit*
вы́пасть *to fall out*	выпада́ть *to fall out*

To this group belong also prefixed formations of the verb *есть* 'to eat'.

Perfective Aspect, Stage I	Imperfective Aspect, Stage II
заéсть *to eat (with a drink)*	заедáть *to eat (with a drink)*
проéсть *to corrode*	проедáть *to corrode*
съесть *to eat up*	съедáть *to eat up*

Group Four. Aspect pairs formed by means of prefixes from the non-productive verbs *терéть* 'to rub', *перéть* 'to shove', *мерéть* 'to die' (*-ере-* interchanges with *-ира-*).

Perfective Aspect, Stage I	Imperfective Aspect, Stage II
умерéть *to die*	умирáть *to die*
заперéть *to lock*	запирáть *to lock*
вы́тереть *to wipe*	вытирáть *to wipe*

Group Five. Aspect pairs formed from non-productive verbs whose root contains *-а- (-я-)* (Perfective Aspect) interchanging with *-им, -ин* (Imperfective Aspect), and the verb *вы́нуть* 'to take out'.

Perfective Aspect, Stage I	Imperfective Aspect, Stage II
начáть *to begin*	начинáть *to begin*
принять *to receive*	принимáть *to receive*
вы́нуть *to take out*	вынимáть *to take out*
сжать *to press*	сжимáть *to press*
пожáть *to reap*	пожинáть *to reap*
пожáть *to shake (hands)*	пожимáть *to shake (hands)*

Group Six. To this group belong a number of verbs whose perfective and imperfective forms both have prefixes nd differ only in the position of the stress.

Perfective Aspect, Stage I	Imperfective Aspect, Stage II
насы́пать *to pour*	насыпа́ть *to pour*
разре́зать *to cut up*	разреза́ть *to cut up*

Table 7

HOW CORRELATIVE ASPECT PAIRS ARE OBTAINED

Correlation: perfective verb with a prefix — imperfective verb with the suffix *-ва-*.

Group One. Initial productive verbs end in *-еть*.

Perfective Aspect, Stage I	Imperfective Aspect, Stage II
нагре́ть *to heat*	нагрева́ть *to heat*
заболе́ть *to fall ill*	заболева́ть *to fall ill*
созре́ть *to ripen*	созрева́ть *to ripen*
успе́ть *to have enough time*	успева́ть *to have enough time*

Group Two. Initial non-productive verbs *бить* 'to beat', *пить* 'to drink', *лить* 'to pour', *вить* 'to weave', *шить* 'to sew'.

Perfective Aspect, Stage I	Imperfective Aspect, Stage II
разби́ть *to break*	разбива́ть *to break*
нали́ть *to pour out*	налива́ть *to pour out*
вы́пить *to drink*	выпива́ть *to drink*

Group Three. Initial non-productive verbs *выть* 'to howl', *крыть* 'to cover', *мыть* 'to wash', *ныть* 'to whimper', *рыть* 'to dig'.

Perfective Aspect, Stage I	Imperfective Aspect, Stage II
укры́ть *to cover*	укрыва́ть *to cover*
зары́ть *to bury*	зарыва́ть *to bury*
отмы́ть *to wash clean*	отмыва́ть *to wash clean*

Group Four. Initial non-productive verbs *дуть* 'to blow', *жить* 'to live', *плыть* 'to swim', *деть* 'to put'.

Perfective Aspect, Stage I	Imperfective Aspect, Stage II
заду́ть *to blow out*	задува́ть *to blow out*
пережи́ть *to experience*	пережива́ть *to experience*
наде́ть *to put on*	надева́ть *to put on*

Group Five. Initial non-productive verbs *дать* 'to give', *знать* 'to know', *стать* 'to become'.

Perfective Aspect, Stage I	Imperfective Aspect, Stage II
сдать *to hand in*	сдава́ть *to hand in*
узна́ть *to recognise, to learn*	узнава́ть *to recognise, to learn*
встать *to stand up*	встава́ть *to stand up*
оста́ться *to remain*	остава́ться *to remain*

Group Six. Initial non-productive verbs whose root ends in the sound *-j-*: *ве́ять* [véjat'] 'to winnow', *се́ять* [séjat'] 'to sow'.

Perfective Aspect, Stage I	Imperfective Aspect, Stage II
засе́ять *to sow*	засева́ть *to sow*
наве́ять *to winnow*	навева́ть *to winnow*

Table 8

HOW CORRELATIVE ASPECT PAIRS ARE OBTAINED

Correlation: simple perfective verb — imperfective verb with the suffix **-ва-**.

Perfective Aspect, Stage I	Imperfective Aspect, Stage II
дать *to give*	дава́ть *to give*
деть *to put*	дева́ть *to put*

Note. — Past tense forms of the verbs *дать — дава́ть* differ very little in meaning, but when recurrence of the action is implied the form *дава́ть* is used.

The verbs *быть* and *быва́ть* make up a pair only in form.

Note. — The verb *быва́ть* has a connotation of irregular recurrence: *Я быва́л в Москве́* 'I used to go to Moscow' (cf. *Я был в Москве́* 'I was in Moscow').

Table 9

CORRELATIVE ASPECT PAIRS OBTAINED FROM DIFFERENT VERB STEMS

Imperfective Aspect	Perfective Aspect
говори́ть *to say*	сказа́ть *to say*
брать *to take*	взять *to take*
лови́ть *to catch*	пойма́ть *to catch*
класть *to put*	положи́ть *to put*
приходи́ть *to come*	прийти́ *to come*

To this group of verbs whose aspect pairs are formed lexically belong also:

A

Perfective Aspect	Imperfective Aspect
лечь *to lie down*	ложи́ться *to lie down*
сесть *to sit down*	сади́ться *to sit down*
стать *to stand*	станови́ться *to stand*

B

Perfective Aspect	Imperfective Aspect
верну́ть(ся) *to return*	возвраща́ть(ся) *to return*
оберну́ть(ся) *to turn round*	обора́чивать(ся) *to turn round*
поверну́ть(ся) *to turn*	повора́чивать(ся) *to turn*

V

VOWEL AND CONSONANT CHANGES AS AN ADDITIONAL SIGN OF ASPECT

(*4 Tables*)

Table 1

CHANGING THE ROOT *O* TO *A* IN FORMING IMPERFECTIVE VERBS FROM PREFIXED PERFECTIVE VERBS BY MEANS OF THE SUFFIX *-ЫВА-* (*-ИВА-*)

If the root *o* of a perfective verb is unstressed, it regularly changes to *a* in the imperfective verb.

Perfective Aspect	Change of the Root *o*	Imperfective Aspect
спроси́ть *to ask*	о → а	спра́шивать *to ask*
отложи́ть *to put aside/off*	о → а	откла́дывать *to put aside/off*
приколо́ть *to pin*	о → а	прика́лывать *to pin*

If the root *o* of a perfective verb is stressed, it may or may not change in the perfective verb.

o changes to *a*

Perfective Aspect	Change of the Root *o*	Imperfective Aspect
заработать *to earn* закончить *to finish* удвоить *to double* освоить *to master*	o → a o → a o → a o → a	зарабатывать *to earn* заканчивать *to finish* удваивать *to double* осваивать *to master*

o does not change to *a*

Perfective Aspect	Root Vowel	Imperfective Aspect
узаконить *to legalise* обусловить *to condition* (see Note below) сосредоточить *to concentrate* (see Note below) уполномочить *to authorise*	No change of the vowel *o*	узаконивать *to legalise* обусловливать *to condition* сосредоточивать *to concentrate* уполномочивать *to authorise*

Note.— In colloquial speech the forms *обуславливать* and *сосредотачивать* also occur.

Table 2

INTERCHANGE OF *E* AND *Ё* ['O] IN THE ROOT WHEN IMPERFECTIVE VERBS ARE FORMED FROM PREFIXED PERFECTIVE VERBS BY MEANS OF THE SUFFIX *-ЫВА-* (*-ИВА*)

Verbs with the suffix *-ыва-* (*-ива-*) are stressed on the syllable before that suffix when followed by a hard consonant, therefore, the root *e* becomes stressed and changes to *ё.*

Perfective Aspect	Interchange	Imperfective Aspect
подчеркну́ть *to underline*	е ‖ ё	подчёркивать *to underline*
причеса́ть *to comb*	е ‖ ё	причёсывать *to comb*
застегну́ть *to button up*	е ‖ ё	застёгивать *to button*
заверну́ть *to wrap up*	е ‖ ё	завёртывать *to wrap*

There is no interchange before a soft consonant: *отсве́чивать* 'to reflect, to glitter'.

Table 3
INTERCHANGE OF ROOT VOWELS WHEN IMPERFECTIVE VERBS ARE FORMED FROM PERFECTIVE VERBS BY MEANS OF THE SUFFIX -А- (-Я-)

Perfective Aspect	Interchange	Imperfective Aspect
прикосну́ться *to touch*	о‖а	прикаса́ться *to touch*
предложи́ть *to offer*	о‖а	предлага́ть *to offer*
вы́сохнуть *to (get) dry*	о‖ы	высыха́ть *to dry*
вы́дохнуть *to exhale*	о‖ы	выдыха́ть *to exhale*
замкну́ть *to lock*	—‖ы	замыка́ть *to lock*
взорва́ть *to explode*	—‖ы	взрыва́ть *to explode*
посла́ть *to send*	—‖ы	посыла́ть *to send*
расстели́ть *to spread*	е‖и	расстила́ть *to spread*
сжечь *to burn (up)*	е‖и	сжига́ть *to burn*
собра́ть *to gather*	—‖и	собира́ть *to gather*
ободра́ть *to strip*	—‖и	обдира́ть *to strip*
умере́ть *to die*	ере‖ир	умира́ть *to die*
отпере́ть *to unlock*	ере‖ир	отпира́ть *to unlock*
растере́ть *to grind*	ере‖ир	растира́ть *to grind*
сжать *to press*	а‖им	сжима́ть *to press*
пожа́ть *to reap*	а‖ин	пожина́ть *to reap*
поня́ть *to understand*	я‖им	понима́ть *to understand*
заня́ть *to occupy*	я‖им	занима́ть *to occupy*

Table 4
INTERCHANGE OF ROOT CONSONANTS WHEN IMPERFECTIVE VERBS ARE FORMED FROM PERFECTIVE VERBS BY MEANS OF THE SUFFIXES -А- (-Я-) AND -ИВА-

Perfective Aspect	Interchange of Sounds	Imperfective Aspect
освети́ть *to light up*	т‖щ	освеща́ть *to light up*
запрети́ть *to prohibit*	т‖щ	запреща́ть *to prohibit*
отве́тить *to reply*	т‖ч	отвеча́ть *to reply*
расплати́ться *to pay off*	т‖ч	распла́чиваться *to pay off*
заме́тить *to remark*	т‖ч	замеча́ть *to remark*
прости́ть *to forgive*	ст‖щ	проща́ть *to forgive*
навести́ть *to visit*	ст‖щ	навеща́ть *to visit*
подмести́ *to sweep*	ст‖т	подмета́ть *to sweep*
заряди́ть *to load*	д‖ж	заряжа́ть *to load*
проводи́ть *to see off*	д‖ж	провожа́ть *to see off*
нала́дить *to fix*	д‖ж	нала́живать *to fix*
породи́ть *to give rise to*	д‖жд	порожда́ть *to give rise to*
прегради́ть *to bar*	д‖жд	прегражда́ть *to bar*
сни́зить *to lower*	з‖ж	снижа́ть *to lower*
сбли́зить *to bring nearer*	з‖ж	сближа́ть *to bring nearer*
предложи́ть *to offer*	ж‖г	предлага́ть *to offer*
пригласи́ть *to invite*	с‖ш	приглаша́ть *to invite*
спроси́ть *to ask*	с‖ш	спра́шивать *to ask*
укра́сить *to decorate*	с‖ш	украша́ть *to decorate*
взве́сить *to weigh*	с‖ш	взве́шивать *to weigh*
утоми́ть *to tire out*	м‖мл	утомля́ть *to tire out*
затопи́ть *to flood*	п‖пл	затопля́ть *to flood*
разграфи́ть *to rule (paper, etc.)*	ф‖фл	разграфля́ть *to rule (paper, etc.)*
влюби́ться *to fall in love*	б‖бл	влюбля́ться *to fall in love*
восстанови́ть *to rehabilitate*	в‖вл	восстана́вливать *to rehabilitate*
доба́вить *to add*	в‖вл	добавля́ть *to add*

EXERCISES

Exercise 1

Supply verbs in the required aspect and explain the meaning of the aspect form. Translate the sentences into English.

1. Ты решáл задáчи по фи́зике? Да, ... Ты реши́л задáчи по фи́зике? Да, ... — 2. Ты сдавáл экзáмен по рýсскому языкý? Да, ... Ты сдал экзáмен по рýсскому языкý? Да, ... — 3. Ты бýдешь решáть задáчи по фи́зике? Да, ... Ты реши́шь их? Да, ... — 4. Ты бýдешь сдавáть экзáмен по рýсскому языкý? Да, ... Ты сдашь экзáмен по рýсскому языкý? Да, ... — 5. Ты бýдешь писáть статью́ в газéту? Да, ... Ты напи́шешь её [статью́] сегóдня? Да, ...

Exercise 2

Copy out these sentences, supplying the past tense of the verbs *реши́ть — решáть* in the aspect required by the sense. Translate the sentences into English.

1. Я дóлго ... задáчу по фи́зике и наконéц ... её. — 2. Обы́чно задáчи по арифмéтике я ... в течéние тридцати́-сорокá минýт. — 3. Э́ту задáчу по фи́зике я ... за полчасá. — 4. В начáле гóда без пóмощи товáрищей я не мог ... ни однóй задáчи по тригономéтрии, а впослéдствии я ... их свобóдно. — 5. Мы с прия́телем дóлго ... вопрóс о том, где провести́ óтпуск и ... отдохнýть на берегý Чёрного мóря. — 6. На протяжéнии ря́да шкóльных лет я ... вопрóс о своéй бýдущей специáльности, но ... егó окончáтельно тóлько тепéрь.

Exercise 3

Copy out these sentences, supplying the future tense of the verbs *сдать — сдавáть* in the aspect required by the sense. Justify your choice and point out in which cases either aspect could be used. Translate the sentences into English.

1. Я посещáл все лéкции и практи́ческие заня́тия, поэ́тому я дýмаю, что я хорошó ... экзáмен по рýсскому

языку́.— 2. Как то́лько я ... экза́мен, я уе́ду к роди́телям.— 3. Пе́рвый экза́мен я ... 5 ию́ня.— 4. Экза́мен по ру́сскому языку́ ... те студе́нты, кото́рые предвари́тельно ... зачёты.— 5. На э́той неде́ле я ... дела́ моему́ прее́мнику.

Exercise 4

Copy out these sentences, supplying the verbs *писа́ть — написа́ть* in the aspect required by the sense. Justify your choice and point out in which cases either aspect could be used. Translate the sentences into English.

1. Вчера́ я ... (*past*) письмо́ мои́м роди́телям и отпра́вил его́.— 2. Я ... (*fut.*) вам ка́ждую неде́лю.— 3. Я ... (*fut.*) вам то́тчас, как прие́ду домо́й.— 4. Курсову́ю рабо́ту я ... (*fut.*) в тече́ние двух-трёх ме́сяцев и ... (*fut.*) её к 1 ма́я.— 5. Свою́ трило́гию «Хожде́ние по му́кам» А. Толсто́й ... (*past*) на протяже́нии двадцати́ двух лет.— 6. Рома́н «Петр I» А. Толсто́й ... (*past*) в тече́ние пятна́дцати лет.— 7. За́втра я обяза́тельно ... (*fut.*) пи́сьма мои́м друзья́м, что́бы они́ успе́ли получи́ть их к Но́вому го́ду.

Exercise 5

Copy out the following sentences, underlining the predicate verbs expressing prolonged actions occurring without interruption once and those expressing prolonged actions occurring with interruption twice. Translate the sentences into English.

1. Далеко́ за До́ном громозди́лись тяжёлые грозовы́е ту́чи, на́искось ре́зали не́бо мо́лнии, чуть слы́шно погромы́хивал гром. За До́ном вспы́хивали зарни́цы. (Шо́лохов)— 2. Разве́дчиком одно́ вре́мя был, далеко́ че́рез фронт ха́живал. (Ликста́нов)— 3. Над доро́гой с весёлым кри́ком носи́лись старички́*, в траве́ переклика́лись су́слики, где́-то далеко́ вле́во пла́кали чи́бисы. (Че́хов)— 4. У колхо́зников э́той о́бласти скот пасётся днём и но́чью. (Из газе́т)

---

* *старички́*: birds.

Exercise 6

Compose three sentences, using pairs of verbs chosen from each of the groups given below. Note the meaning of the prefix *no-*.

Imperfective Verbs   *Stage I Perfective Verbs*

I. белить — побелить
гасить — погасить
ужинать — поужинать
} The limit of the action is its completion.

II. бежать — побежать
лететь — полететь
мчаться — помчаться
} The limit of the action is its beginning.

III. прыгать — попрыгать
кашлять — покашлять
веселиться — повеселиться
} The scope of the action is limited.

IV. ломать — поломать
бросать — побросать
есть — поесть (всё)
прятаться — попрятаться (всем)
} The object is completely exhausted by the action of the verb: the object or subject takes the plural or is a collective noun.

Stage II Imperfective Verbs

кашлять — покашливать
кричать — покрикивать
глядеть — поглядывать
} Verbs denoting repetitive actions: the action repeats itself with short interruptions.

Exercise 7

Read and translate these sentences. Copy out the verbs with the prefix *no-*, state their aspect and the meaning added by the prefix.

1. «Замёрзнет небось человек, — беспокоился Хлястик. — Руки, ноги, плечи поотмораживает». (Кривин) — 2. «Вы подумайте, — жаловалась она, — люди совсем с ума посходили». (Кривин) — 3. Я посмотрелся в зеркало. (Лермонтов) — 4. Они взялись за руки и побежали. (Е. Мальцев)

5. Поговорчивей, покладистей
Ты советовала быть,
Поумерить силу радости,
Поунять былую прыть.

(Е. Серебровская)

6. «Куда это моя орава попряталась?» — Игнат Савельевич насупил брови... (Е. Мальцев) — 7. Воздух ещё светился, но всё вокруг посинело. (Куранов) — 8. Митягин... постарел, потускнел как-то, ссохся, казалось, стал меньше ростом. (Тендряков) — 9. Сам в это время лукаво посмеивался. (Тендряков) — 10. «Давайте сюда вашего малыша, я пока подержу его!» — крикнула девушка. (Е. Мальцев)

Exercise 8

Copy out these texts, supplying past tense verbs in the aspect form denoting a limit of the action: its completion, result, beginning, etc.

I. Кто-то (петь — запеть) в хлебах возле березняка. Марина (останавливаться — остановиться), (прислушиваться — прислушаться) — пения не было. Она (идти — пойти), и пение вновь (слышаться — послышаться). Марина (вставать — встать) — оно (обрываться — оборваться). (Идти — Пойти) — (слышаться — заслышаться) опять.

(Куранов)

II. По степи, вдоль и поперёк, спотыкаясь и прыгая (бежать — побежать) перекати-поле, а одно из них попало в вихрь, (вертеться — завертеться), как птица, (лететь — полететь) к небу и, обратившись там в чёрную точку, (исчезать — исчезнуть) из виду.

(Чехов)

III. Сначала далеко впереди (ползти — поползти) по земле широкая ярко-жёлтая полоса; через минуту такая же полоса (светиться — засветиться) несколько ближе, (ползти — поползти) вправо и (охватить — охватывать) холмы; что-то тёплое (касаться — коснуться) Егорушкиной спины... И вдруг вся широкая степь (сбросить — сбрасывать) с себя утреннюю полутень, (улыбаться — улыбнуться) и (сверкать — засверкать) росой.

(Чехов)

Exercise 9

Copy out these texts. Underline the imperfective predicate verbs once and the perfective predicate verbs twice. Copy out all the perfective verb forms and state the nature of the inherent limit of the action (result, completion, instantaneous action, beginning of action). State the aspect stage, and explain the structure of the perfective verb stems (prefixes, suffixes). Make use of the parsing chart given at the end of the exercise.

I. За холмами глухо прогремел гром; подуло свежестью. Дениска весело свистнул и стегнул по лошадям... Но невидимая гнетущая сила мало-помалу сковала ветер и воздух, уложила пыль, и опять... наступила тишина. Облако спряталось, загорелые холмы нахмурились, воздух покорно застыл, и одни только встревоженные чибисы где-то плакали и жаловались на судьбу... Затем скоро наступил вечер.

(Чехов)

II. Растаял снег, луга зазеленели,
Телеги вновь грохочут по мосту,
И воробьи от счастья опьянели,
И яблони качаются в саду.

(Исаковский)

Parsing Chart

Perfective Verb	Aspect Stage	Inherent Limit of Action	Structure of Verb Stem	Past Tense Suffix	Ending	Reflexive Particle
прогремел	I	completion of action	про-грем--е-	л	—	—

Exercise 10

A. Give verbs expressing instantaneous actions corresponding to the following verbs and containing the suffix -ну-. Compose four sentences containing any of the verbs thus formed in the past tense.

мигать; махать; капать; щёлкать; нырять; улыбаться; мелькать; ахать.

B. Compose four sentences with these verbs in the past tense. How do the past tense forms of the verbs in (A) differ from those of the verbs in (B)?

засо́хнуть; завя́нуть; огло́хнуть; намо́кнуть.

Exercise 11

A. Copy out these sentences, using the past tense form which expresses the beginning of the action. Underline the verb prefixes.

1. Он (дыша́ть — задыша́ть) ча́сто и отры́висто. (Гайда́р) — 2. Налете́л ве́тер. Дере́вья ра́зом (шуме́ть — зашуме́ть). (Чако́вский) — 3. В своё вре́мя (шевели́ться — зашевели́ться) в куста́х и (свисте́ть — засвисте́ть) пти́цы. В своё вре́мя (але́ть — заале́ть) верху́шки ста́рой берёзы. (Тендряко́в) — 4. Но тут коза́ рвану́лась, крутану́ла рога́ми и гало́пом (нести́сь — понести́сь) по па́рку, а девчо́нка (мча́ться — помча́ться) за ней сле́дом. (Гайда́р) — 5. Па́шка (бежа́ть — побежа́ть) от крыльца́ пря́мо вперёд. (Че́хов)

B. Copy out these sentences, using the past tense form which expresses the completion of the action. Underline the verb prefixes.

1. (Зазвуча́ть — отзвуча́ть) после́дние ре́чи. (Шо́лохов) — 2. Мне хоте́лось поскоре́й (обе́дать — пообе́дать) и пойти́ к Лёшке занима́ться. (Шатро́в)

Exercise 12

A. Copy out this text. Underline the verbs of motion expressing durative actions once and those expressing iterative actions twice. Explain the difference in their meaning. Copy out first the iterative verbs and then the durative ones.

Бри́чка бежи́т, а Его́рушка ви́дит всё одно́ и то же — не́бо, равни́ну, холмы́...

Над поблёкшей траво́й... но́сятся грачи́...

Лети́т ко́ршун над са́мой землёй, пла́вно взма́хивая кры́льями и вдруг остана́вливается в во́здухе, ... пото́м встря́хивает кры́льями и стрело́ю несётся над сте́пью, и непоня́тно, заче́м он лета́ет и что ему́ ну́жно.

(Ч е́ х о в)

B. Compose and write down sentences containing the following verbs of motion in the present tense:

плыть, плáвать; везтú, возúть; гнать, гонять.

C. Compose and write down sentences, using as their predicates (in the present tense) these verbs of motion expressing actions typical of the named animals. State the sub-aspect of the verbs.

> рыбы (плыть — плáвать)
> птúцы (летéть — летáть)
> змéи (ползтú — пóлзать)

D. Write the first person plural of the imperative of those verbs given below from which such a form can be obtained.

E x a m p l e:

> *летéть — летáть*
> *Летúмте (вмéсте)!* (*летéть*)

носúть — нестú	ходúть — идтú
бéгать — бежáть	éздить — éхать

E. State the aspect of the following homonymous verbs and explain their meaning.

I. (a) Я завожý вас до ýстали.
   (b) Я завожý часы́.

II. (a) Онá заносúла одéжду до дыр.
   (b) Онá ежеднéвно заносúла ребёнка в я́сли.

Exercise 13

Are the words formed by means of the prefixes new words or merely forms of the initial verb? Copy out the correlative aspect pairs of verbs.

I. *о-, об-, обо-*

éхать — объéхать; делúть — обделúть; дарúть — одарúть; слéпнуть — ослéпнуть; рубúть — обрубúть; вдовéть — овдовéть; звать — обозвáть; злить — обозлúть.

II. *с-, со-*

вяза́ть — связа́ть, кова́ть — скова́ть; брать — собра́ть; бро́сить — сбро́сить; лезть — слезть; ре́зать — сре́зать; де́лать — сде́лать; петь — спеть; рвать (цветы́) — сорва́ть (цвето́к).

III. *на-*

бро́сить — набро́сить; говори́ть — наговори́ть; бежа́ть — набежа́ть; рисова́ть — нарисова́ть; писа́ть — написа́ть; клевета́ть — наклевета́ть.

IV. *у-*

ре́зать — уре́зать; ве́шать — уве́шать; нести́ — унести́; держа́ть — удержа́ть; се́ять — усе́ять; вести́ — увести́; вя́нуть — увя́нуть; баю́кать — убаю́кать.

V. *из-, ис-, изо-*

ходи́ть — исходи́ть; гоня́ть — изгоня́ть; ре́зать — изре́зать; печь — испе́чь; жа́рить — изжа́рить; рва́ться — изорва́ться.

VI. *вы-*

лови́ть — вы́ловить; бежа́ть — вы́бежать; проси́ть — вы́просить; учи́ть — вы́учить.

VII. *вз-, воз-, вс-, взо-*

тряхну́ть — встряхну́ть; ходи́ть — всходи́ть; ходи́ть — восходи́ть; производи́ть — воспроизводи́ть; мечта́ть — возмечта́ть; лете́ть — взлете́ть; выть — взвыть; волнова́ть — взволнова́ть; идти́ — взойти́; рвать — взорва́ть.

VIII. *про-*

чита́ть — прочита́ть; лете́ть — пролете́ть; бить — проби́ть; звуча́ть — прозвуча́ть; е́хать — прое́хать; игра́ть — проигра́ть; петь — пропе́ть; диктова́ть — продиктова́ть; слу́шать — прослу́шать (ле́кции).

IX. за-

петь — запе́ть; ла́ять — зала́ять; звони́ть — зазвони́ть; вози́ть — завози́ть; корми́ть — закорми́ть; ходи́ть — заходи́ть; пыли́ться — запыли́ться; гримирова́ть — загримирова́ть.

Exercise 14

A. Supply the correlative aspect forms of these perfective verbs, using the suffix -a- (-я-) and interchange of consonants in the stem. Underline the interchanging letters.

I. отме́тить; отве́тить; встре́тить.

II. запрети́ть; освети́ть; защити́ть; ощути́ть; воплоти́ть.

III. заряди́ть; разряди́ть; разреди́ть.

IV. победи́ть; убеди́ть; осуди́ть; вознагради́ть; предупреди́ть; породи́ть.

B. Supply the correlative aspect forms by:

I. changing the stress:

разреза́ть; засыпа́ть (зерно́); роди́лась.

II. using different verb stems of the same lexical meaning:

говори́ть; класть; ложи́ться; сади́ться.

Exercise 15

Supply the correlative aspect forms of these perfective verbs forming them by means of suffixes and interchange of sounds in the root (where possible). Note the spelling of the root vowels in the stems; underline the roots containing interchanging vowels and/or consonants.

I. косну́ться; предложи́ть; предположи́ть; изложи́ть; посла́ть; сжечь; разжечь; расстели́ть; расстели́ться; умере́ть; стере́ть; запере́ть.

II. затро́нуть; оспо́рить; удосто́ить; вы́копать; вы́полоть; вы́здороветь; задо́брить.

III. обусло́вить; уполномо́чить; сосредото́чить.

IV. расстегну́ть; заверну́ть; отеса́ть.

KEY TO THE EXERCISES

Exercise 1

1. решáл; решил́.— 2. сдавáл; сдал.— 3. бýду; решý.— 4. бýду; сдам.— 5. бýду; напишý.

Exercise 2

1. решáл; решил́.— 2. решáл.— 3. решил́; — 4. решит́ь; решáл.— 5. решáли; решил́и.— 6. решáл; решил́.

Exercise 3

1. сдам.— 2. сдам.— 3. бýду сдавáть *or* сдам.— 4. бýдут сдавáть; сдáли.— 5. сдам *or* бýду сдавáть.

Exercise 4

1. написáл.— 2. бýду писáть.— 3. напишý.— 4. бýду писáть; напишý.— 5. писáл.— 6. писáл *or* написáл.— 7. напишý *or* бýду писáть.

Exercise 5

1. Далекó за Дóном громоздил́ись тяжёлые грозовые́ тýчи, нáискось рéзали нéбо мóлнии, чуть слыш́но погромы́хивал гром.

За Дóном вспы́хивали зарниц́ы. (Шóлохов) — 2. Развéдчиком однó врéмя был, далекó чéрез фронт хáживал. (Ликстáнов) — 3. Над дорóгой с весёлым криќом носил́ись старички,́ в травé перекликáлись сýслики, гдé-то далекó влéво плáкали чиб́исы. (Чéхов) — 4. У колхóзников э́той óбласти скот пасётся днём и нóчью. (Из газéт).

Exercise 7

1. поотмора́живать *(p.)*: *по-* indicates plurality of the object.— 2. поду́мать *perfective of* ду́мать, посходи́ть *(p.)*: *по-* indicates plurality of the agent of the action.— 3. посмотре́ться *perfective of* смотре́ться.— 4. побежа́ть *(p.)*: it means the beginning of the action.— 5. поуме́рить, поуня́ть *(p.)*: it means small scope of the action.— 6. попря́таться *(p.)*: *по-* indicates plurality of the agent, the verb with the prefix *по-* takes a collective noun.— 7. посине́ть *(p.)*: it simply means completion, стать си́ним 'to become blue'.— 8. постаре́ть, потускне́ть *(p.)*: the prefix *по-* has a diminutive and perfective meaning. (But cf. постаре́ть 'to grow old' and соста́риться 'to get old.')— 9. посме́иваться *(imp.)*: a prolonged interrupted action.— 10. подержа́ть *(p.)*: *по-* limits the action to a short space of time.

Exercise 8

I. Кто́-то запе́л в хлеба́х во́зле березняка́. Мари́на останови́лась, прислу́шалась — пе́ния не́ было. Она́ пошла́, и пе́ние вновь послы́шалось. Мари́на вста́ла — оно́ оборвало́сь. Пошла́ — заслы́шалось опя́ть.

(Кура́нов)

II. По степи́, вдоль и поперёк, спотыка́ясь и пры́гая, побежа́ли перекати-по́ле, одно́ из них попа́ло в вихрь, заверте́лось, как пти́ца, полете́ло к не́бу и, обрати́вшись там в чёрную то́чку, исче́зло из виду.

(Че́хов)

III. Снача́ла далеко́ впереди́ поползла́ по земле́ широ́кая я́рко-жёлтая полоса́, че́рез мину́ту така́я же полоса́ засвети́лась не́сколько бли́же, поползла́ впра́во и охвати́ла холмы́; что́-то тёплое косну́лось Его́рушкиной спины́... И вдруг вся широ́кая степь сбро́сила с себя́ у́треннюю полуте́нь, улыбну́лась и засверка́ла росо́й.

(Че́хов)

Exercise 9

Perfective Verb	Aspect Stage	Inherent Limit of Action	Structure of Verb Stem	Past Tense Suffix	Ending	Reflexive Particle
I. прогремéл	I	completion of action	про-грем-е-	л	—	—
подýло	I	beginning of action	по-ду-	л	о	—
свíстнул	I	instantaneous action	свист-ну-	л	—	—
стегнýл	I	»	стег-ну-	л	—	—
сковáла	I	result of action	с-ков-а-	л	а	—
уложи́ла	I	»	у-лож-и-	л	а	—
наступи́ла	I	»	на-ступ-и-	л	а	—
спря́талось	I	»	с-прят-а-	л	о	сь
нахмýрились	I	»	на-хмур-и-	л	и	сь
засты́л	I	»	за-сты-	л	—	—
II. растáял	I	»	рас-та-я-	л	—	—
зазеленéли	I	beginning of action	за-зелен-е-	л	и	—
опьянéли	I	result of action	о-пьян-е	л	и	—

Exercise 10

A. Verbs with the suffix *-ну-*:

мигнýть; махнýть; кáпнуть; щёлкнуть; нырнýть; улыбнýться; мелькнýть; áхнуть.

B. The past tense of verbs expressing a state *(засóхнуть, завя́нуть, оглóхнуть, намóкнуть)* is formed without the suffix *-ну-* *(засóх, завя́л, оглóх, намóк)*.

Exercise 11

A. Он задышал часто и отрывисто. (Гайдар) — 2. Налетел ветер. Деревья разом зашумели. (Чаковский) — 3. В своё время зашевелились в кустах и засвистели птицы. В своё время заалела верхушка старой берёзы. (Тендряков) — 4. Но тут коза рванулась, крутанула рогами и галопом понеслась по парку, а девчонка помчалась за ней следом. (Гайдар) — 5. Пашка побежал от крыльца прямо вперёд. (Чехов)

B. 1. Отзвучали последние речи. (Шолохов) — 2. Мне хотелось поскорей пообедать и пойти к Лёшке заниматься. (Шатров)

Exercise 12

A. Verbs of motion:

Iterative Sub-Aspect	*Durative Sub-Aspect*
носиться	бежать
летать	лететь
	нестись

D. Несёмте (вместе)! (нести)
Бежимте (вместе)! (бежать)
Идёмте (вместе)! (идти)
Едемте (вместе)! (ехать)

E. I. (a) заводить *(p.) to walk one off his (her) feet*
(b) заводить *(imp.) to wind (a watch)*

II. (a) заносить *(p.) to wear (clothes) into holes*
(b) заносить *(imp.) to carry something to some place and leave it there*

Exercise 13

Correlative aspect pairs of verbs:

I. слепнуть — ослепнуть; вдоветь — овдоветь; злить — обозлить.

II. делать — сделать; петь — спеть; рвать (цветы) — сорвать (цветок).

III. рисовать — нарисовать, писать — написать; клеветать — наклеветать.

IV. вянуть — увянуть; баюкать — убаюкать.

V. печь — испечь; жарить — изжарить.

VI. учить — выучить.

VII. волновать — взволновать.

VIII. читать — прочитать; бить *(of a clock)* — пробить; звучать — прозвучать; петь — пропеть *(of a cock)*; диктовать — продиктовать.

IX. пылиться — запылиться; гримировать — загримировать.

Exercise 14

А. I. отметить — отмечать; ответить — отвечать; встретить — встречать.

II. запретить — запрещать; осветить — освещать; защитить — защищать; ощутить — ощущать; воплотить — воплощать.

III. зарядить — заряжать; разрядить — разряжать; разредить — разрежать.

IV. победить — побеждать; убедить — убеждать; осудить — осуждать; вознаградить — вознаграждать; предупредить — предупреждать; породить — порождать.

В. I. разрезать — разрезать; засыпать — засыпать; родилась — родилась.

II. говори́ть — сказа́ть; класть — положи́ть; ложи́ться — лечь; сади́ться — сесть.

Exercise 15

I. косну́ться — каса́ться; предложи́ть — предлага́ть; предположи́ть — предполага́ть; изложи́ть — излага́ть; посла́ть — посыла́ть; сжечь — сжига́ть; разжéчь — разжига́ть; расстели́ть — расстила́ть; расстели́ться — расстила́ться; умере́ть — умира́ть; стере́ть — стира́ть; запере́ть — запира́ть.

II. затро́нуть — затра́гивать; оспо́рить — оспа́ривать; удосто́ить — удоста́ивать; вы́копать — выка́пывать; вы́полоть — выпа́лывать; вы́здороветь — выздора́вливать, задо́брить — задабривать.

III. обусло́вить — обусло́вливать; уполномо́чить — уполномо́чивать; сосредото́чить — сосредото́чивать.

IV. расстегну́ть — расстёгивать; заверну́ть * — завёртывать; отеса́ть — отёсывать.

---

* *T* in the root *вер(т)* has been dropped.

VOICE

(17 Tables)

TRANSITIVE VERBS
Table 1

In relation to their objects, i. e. as regards the case they require, verbs fall into *transitive* and *intransitive*.

Transitive verbs express actions which pass over directly to an object; the word denoting the object takes the accusative without a preposition, i. e. it is the direct object.

Example:

Subject	Predicate	Direct object
Врач *The doctor*	лечит (кого?) *treats (whom?)*	больно́го. *the sick man.*
Agent of the action	Action	Object of action

THREE GROUPS OF TRANSITIVE VERBS

1. Transitive verbs mainly denote concrete actions which are either directed towards an object and cause some change in it or create the very object as their result.

лечи́ть (кого?) больно́го	to treat (whom?) a sick man
рисова́ть (что?) карти́ну	to paint (what?) a picture
стро́ить (что?) дом	to build (what?) a house
воспи́тывать (кого?) дете́й	to bring up (whom?) children
руби́ть (что?) дрова́	to chop (what?) wood

2. Some transitive verbs express various influences (in the literal and figurative senses) of one object upon another.

решить (что?) задачу	to do (what?) a sum
выяснить (что?) положение	to clear up (what?) the situation
похвалить (кого?) ученика	to praise (whom?) a pupil
выучить (что?) стихотворение	to learn (what?) a poem

3. Other transitive verbs denote perceptions, feelings, or cognition directed towards an object. The object itself does not undergo any change.

любить (что?) музыку	to be fond of (what?) music
чувствовать (что?) боль	to feel (what?) a pain
узнавать (что?) новости	to learn (what?) the news
видеть (кого?) сестру	to see (whom?) the sister
слушать (что?) пение	to listen to (what?) the singing

Thus, transitive verbs are distinguished syntactically by the fact that they require the accusative case without a preposition, i.e. a direct object.

Table 2
INTRANSITIVE VERBS

Verbs that cannot take a direct object, i.e. an object in the accusative without a preposition, are called *intransitive*.

Intransitive verbs either do not require an object at all or take an object in an oblique case (i. e. any case except the nominative or accusative without a preposition).

1. Verbs denoting motion or a position in space do not require any object.

стоять *to stand*
ходить *to go, to walk*
лежать *to lie*
бежать *to run*
плыть *to swim*
лететь *to fly*

Я стою́. *I am standing.*
Я хожу́. *I am going. I am walking.*
Я лежу́. *I am lying.*
Я бегу́. *I am running.*
Я плыву́. *I am swimming.*
Я лечу́. *I am flying.*

2. Verbs denoting a state do not require any object.

молча́ть   *to be silent*
боле́ть   *to be ill*
горе́ть   *to burn*
вя́нуть   *to fade*

Он молчи́т. *He is silent.*
Я боле́ю. *I am ill.*
Ого́нь гори́т. *A fire burns.*
Цвето́к вя́нет. *A flower fades.*

3. But the above verbs may take an indirect or prepositional object.

тоскова́ть   *to long*
боле́ть   *to be ill*

Он тоскова́л по ро́дине.   *He was homesick.*
Я боле́ю гри́ппом.   *I have (am ill with) the 'flu.*

4. Intransitive verbs may denote an action requiring an indirect or prepositional object:

(a) владе́ть (чем?)   *to know (what?)*
вреди́ть (чему?)   *to do harm to (what?)*

Он владе́ет ру́сским языко́м.   *He knows Russian.*
Он вреди́т своему́ здоро́вью.   *He does harm to his health.*

(b) наступи́ть (на что?) *to tread (on what?)*
забо́титься (о ком?) *to take care (of whom?)*

наступи́ть на го́лову змей   *to tread on a snake's head*
забо́титься о де́тях   *to take care of children*

Lexically, verbs belonging to this group denote actions passing to an object, but the word standing for the object is not in the accusative.

Such verbs are frequently called indirect-transitive but this term is not universally recognised.

Table 3

VOICE

Voice is a category denoting the relations between the doer of the action and the object expressed by the verb form.

VERBS AND VERB FORMS WHICH HAVE VOICE

Only transitive verbs and forms derived from them:
  (a) reflexive verbs and
  (b) passive participles (with the suffixes *-м-, -н-, -нн-, -т-*) } have *Voice*.

A. Transitive Verbs	
1. **строить** (что?) дом *to build a house* 2. **исполнять** (что?) арию *to sing an aria* 3. **встречать** (кого?) брата *to meet the brother* 4. **причесать** (кого?) ребёнка *to comb the child's hair* 5. **отодвинуть** (что?) стол *to move aside the table* 6. **радовать** (кого?) родителей *to make happy the parents* 7. **укладывать** (что?) вещи *to pack the things* 8. **бранить** (кого?) дочь *to scold the daughter* 9. **рвать** (что?) нитки *to break the thread* 10. **вспоминать** (что?) детство *to recollect one's childhood*	1) All transitive verbs belong to the *Active Voice*. Their action passes directly to an object in the accusative without a preposition.

Continued

B. Reflexive Verbs formed from Transitive Verbs

I. 1. строи́ться (кем?) плóтниками *to be built by carpenters*
2. исполня́ться (кем?) певцóм *to be sung by the singer*

II. 3. встреча́ться *to meet* (reciprocal reflexive meaning)
4. причёсаться *to comb one's hair* (proper reflexive meaning)
5. отодви́нуться *to move aside* (general reflexive meaning) (expresses external change)
6. ра́доваться *to rejoice* (general reflexive meaning) (expresses internal change)
7. укла́дываться *to pack* (oblique reflexive meaning)
8. брани́ться *to swear* (active objectless meaning)
9. рва́ться *to tear* (passive qualitative meaning)
10. вспомина́ться *to come to one's mind* (passive reflexive meaning)

2) Reflexive verbs, with which the word representing the doer of the action is in the instrumental, belong to the *Passive Voice*.

3) Reflexive verbs denoting actions concentrated on the doer belong to the *Middle Reflexive Voice*.

C. Voice of Passive Participles formed from Transitive Verbs

(a) Passive participles with the suffix *-м- (-м)* люби́мый (люби́м) на́ми *loved by us*
(b) Passive participles with the suffix *-нн- (-н)* со́зданный (со́здан) наро́дом *created by the people*
(c) Passive participles with the suffix *-т- (-т)* разби́тый (разби́т) на́ми *broken by us*

Passive participles belong to the *Passive Voice*.

Table 4

VOICE OF THE VERB

- **Active Voice** → Transitive verbs
  - решать / решить — *to solve*

- **Passive Voice**
  - Verbs ending in -ся (Imperfective Aspect)
    - решается учеником *is (being) solved by the pupil*
  - Passive participles
    - решаемый (вопрос) *being solved*
    - решённый (вопрос) *having been solved*
    - (вопрос) решён *has been solved*

- **Middle Reflexive Voice** → Verbs ending in -ся
  - Proper reflexive
  - Reciprocal reflexive
  - General reflexive
  - Oblique reflexive
  - Active objectless
  - Reflexive passive
  - Passive qualitative

112

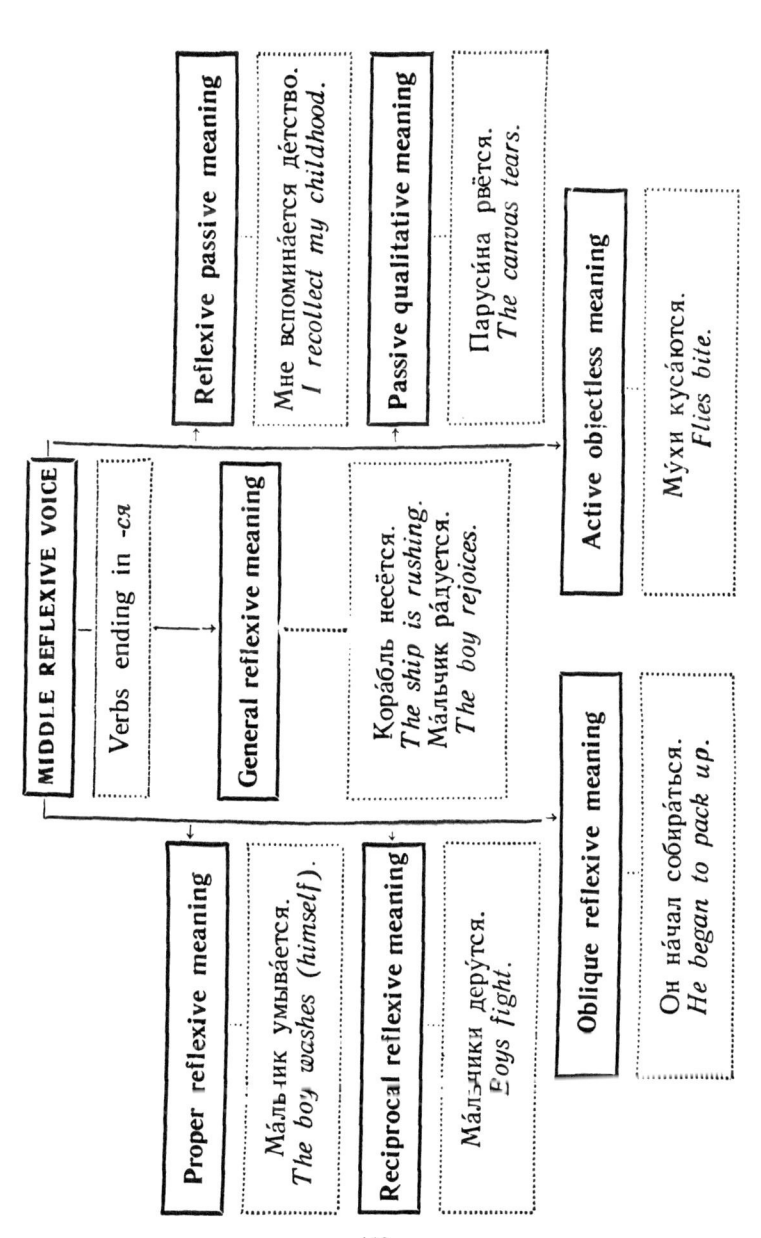

MIDDLE REFLEXIVE VOICE

Verbs ending in -ся

Proper reflexive meaning

Мальчик умывается.
The boy washes (himself).

Reciprocal reflexive meaning

Мальчики дерутся.
Boys fight.

General reflexive meaning

Корабль несётся.
The ship is rushing.
Мальчик радуется.
The boy rejoices.

Reflexive passive meaning

Мне вспоминается детство.
I recollect my childhood.

Passive qualitative meaning

Парусина рвётся.
The canvas tears.

Active objectless meaning

Мухи кусаются.
Flies bite.

Oblique reflexive meaning

Он начал собираться.
He began to pack up.

113

Table 5
ACTIVE VOICE

The Active Voice expresses the following relations between the doer of the action and its object:
the person or thing that is the subject of the sentence performs the action, which directly passes over to the person or thing that is the direct object denoted by a word in the accusative without a preposition.

Example:

Subject	Predicate	Direct object
Плóтники *The carpenters*	**стрóят** *are building*	**дом.** *a house.*
Doer of action	Action (transitive verb)	Object of action

The subject *плóтники*, which is a noun in the nominative, denotes the person who performs the action.

The predicate *стрóят* is a finite form of the transitive verb *стрóить* agreeing with the subject and denotes the action performed by the subject, which passes over to the direct object denoted by a noun in the accusative without a preposition (*дом*).

Such is the relation between the doer of the action and its object conveyed by the Active Voice.

This construction is called the Active Construction.

Examples:

Ученик решáет (что?) задáчу.	*A pupil is solving (what?) a problem.*
Врач лечи́л (когó?) больнóго.	*The doctor treated (whom?) the sick man.*
Студéнт вы́полнил (что?) задáние.	*The student carried out (what?) the task.*

Мы лю́бим (что?) Ро́дину.	We love (what?) our mother country.
Рабо́чие бу́дут стро́ить (что?) дом.	The workers will build (what?) a house.

Thus, all transitive verbs belong to the Active Voice.

Table 6

PASSIVE VOICE

REFLEXIVE VERBS

The Passive Voice expresses the following relations between the doer of the action and its object:
the person or thing that is the subject of the sentence does not itself perform any action but is acted upon, thus being in fact the object of the action; the real agent of the action is the object in the instrumental, which denotes the performer of the action.

E x a m p l e:

Subject	Predicate	Object in the Instrumental
Дом *The house*	стро́ится *is being built*	плóтниками. *by the carpenters.*
Real object of action	Action	Real performer of action

The subject *дом* does not perform any action but is acted upon. It is in fact the object of the action.

The predicate *стро́ится* is a finite form of a reflexive verb which agrees with the subject. The particle *-ся* shows that the action is directed towards the subject. The verb *стро́ится* requires the instrumental: *стро́ится (кем?) плóтниками.*

The object in the instrumental *(плотниками)* denotes the persons who perform the action in reality. The instrumental case following a reflexive verb and denoting the real performer of the action is an important characteristic of the Passive Voice.

Such are the relations between the performer of the action and its object in the Passive Voice.

This construction is called the Passive Construction.

Examples:

Задача решается (кем?) учеником.	The problem is (being) solved (by whom?) by the pupil.
Задание выполняется (кем?) студентом.	The task is (being) carried out (by whom?) by the student.
Ария исполнялась (кем?) известным певцом.	The aria was (being) sung (by whom?) by a well-known singer.

Passive Voice forms ending in *-ся* can be obtained only from imperfective verbs and not even from all imperfective verbs.

Table 7

PASSIVE VOICE

In Russian, the Passive Voice is mainly expressed by passive participles in the short and complete forms.

любим (любима, любимо, любимы) *loved*
решён (решена, решено, решены) *solved*
разбит (разбита, разбито, разбиты) *broken*

SHORT FORM OF PASSIVE PARTICIPLES

Short form participles fulfil the function of the predicate. Together with the auxiliary verb *быть* 'to be' they can be regarded as finite forms of the Passive Voice which supplement the forms with *-ся*.

Compare the constructions of the Active Voice and the Passive:

Active Voice	Passive Voice
Наро́д лю́бит писа́теля. *The people love the writer.*	Писа́тель люби́м наро́дом. *The writer is loved by the people.*
Учени́к реши́л зада́чу. *The pupil solved the problem.*	Зада́ча решена́ ученико́м. *The problem was solved by the pupil.*
Ма́льчик разби́л ча́шку. *The boy broke the cup.*	Ча́шка разби́та ма́льчиком. *The cup was broken by the boy.*
And also:	
Учени́к реша́ет / реша́л зада́чу. *The pupil is solving / was solving a problem.*	Зада́ча реша́ется / реша́лась ученико́м. *The problem is (being) / was (being) solved by the pupil.*

Писа́тель люби́м наро́дом means *Наро́д лю́бит писа́теля*. The second sentence conveys the same thought as the first, but in the Active Voice. The action proceeds from the subject (*наро́д, учени́к, ма́льчик*) and passes over to the object, which is a noun (*писа́теля, зада́чу, ча́шку*).

In the Passive Voice the action proceeds from the same noun but this noun takes the instrumental: *наро́дом, ученико́м, ма́льчиком*. These are the real performers of the actions. The instrumental denoting the performer of the action is an important characteristic of the Passive Voice.

In the Passive Voice the action is directed to the same person or object as in the Active Voice (the nouns *писа́тель, зада́ча, ча́шка*), but these nouns are not the direct object but the subject of the sentences. Thus, the subject in the Passive Voice is passive, it stands for the object of the action.

The predicate is either a short form present participle passive (*люби́м, решена́, разби́та*) or a verb with the particle -*ся* (*реша́ется, реша́лась*).

A short participle passive used as the predicate may require the verb *быть* 'to be' as a link-verb: *был любим* 'was loved', *будет любим* 'will be loved'.

A short participle passive may be used as the predicate without an object in the instrumental if the result of the action is stressed.

Examples:

Задáча решенá.	*The problem is (has been) solved.*
Чáшка разбита.	*The cup is (has been) broken.*
Я любим.	*I am loved.*

Table 8

COMPLETE FORM OF PASSIVE PARTICIPLES

Complete form passive participles are used as attributes to characterise, in relation to an action, the object which suffers that action.

Examples:

Word qualified	Attribute	Object in Instrumental
задáча (какáя?) *The problem* (what?)	решённая *solved*	ученикóм *by the pupil*
чáшка (какáя?) *The cup* (what?)	разбитая *broken*	мáльчиком *by the boy*
писáтель (какóй?) *The writer* (what?)	любимый *loved*	нарóдом *by the people*
Real object of action	Characteristic in relation to action	Performer of action

Complete form participles are declined and may qualify various parts of the sentence.

Subject:

| Задáча, **решённая ученикóм**, былá óчень труднá. | *The problem solved by the pupil was very difficult.* |

Direct object:

| Задáчу, **не решённую ученикáми**, учи́тель объясня́л на урóке. | *At the lesson the teacher explained the problem which the pupils had failed to solve.* |

Indirect or prepositional object:

| Я не мог спрáвиться (с чем?) с задáчей, **решённой други́ми ученикáми**. | *I could not cope (with what?) with the problem solved by the other pupils (which the other pupils had solved).* |

Passive participles used as adjectives to qualify a noun need not be accompanied by the object in the instrumental.

E x a m p l e s:

разби́тая чáшка	*a broken cup*
отпрáвленное письмó	*a posted letter*
рекомендóванная литерату́ра	*recommended literature*

Table 9
MIDDLE REFLEXIVE VOICE

Middle Reflexive Voice verbs are formed from transitive verbs by adding the suffix *-ся*.

The suffix *-ся* of Middle Reflexive Voice verbs shows that the action is concentrated on the subject itself.

Active Voice Verbs	Middle Reflexive Voice Verbs
одéть когó-то *to dress someone*	одéться самомý *to dress oneself*
встречáть когó-то *to go to meet somcone*	встречáться самомý (с кéм-то) *to meet (someone)*
огорчáть когó-то *to pain someone*	огорчáться самомý *to be pained*
запасáть чтó-то *to hoard something*	запасáться самомý (чéм-то) *to provide oneself (with something)*
бранить когó-то *to scold someone*	браниться самомý *to scold*
гнуть чтó-то *to bend something*	гнýться самомý *to bend*

According to the principal shades of meaning of the aspect, this group of verbs falls into the following main groups:

1. proper reflexive verbs
2. reciprocal reflexive verbs
3. general reflexive verbs
4. oblique reflexive verbs
5. active objectless verbs
6. passive qualitative verbs, etc.

Table 10

VERBS WITH PROPER REFLEXIVE MEANING

This Voice group includes such verbs as:

одевáться *to dress oneself*
умывáться *to wash oneself*
причёсываться *to comb one's hair*
стри́чься *to have one's hair cut*

бри́ться *to shave oneself*
мы́ться *to wash oneself*
обувáться *to put on one's shoes*
вытирáться *to dry oneself*
накрывáться *to cover oneself*

All these verbs show that the action affects the performer's appearance, the surface of his body. They are concrete verbs, and their number is limited.

The action of these verbs proceeds from the subject and is directed towards the subject itself. The suffix *-ся* has the meaning of the reflexive pronoun *себя*.

```
Я умыва́юсь.      = Я умыва́ю себя́.*
Я обува́юсь.      = Я обува́ю себя́.*
Я причёсываюсь. = Я причёсываю себя́.*
```

The subject (*я*) is the direct object of the action performed by itself.

Verbs in a context:

Я встал чуть свет, **умы́лся, оде́лся** и **отпра́вился** в го́ры встреча́ть восхо́д со́лнца.	*I got up at daybreak, washed (myself), dressed (myself), and went to the mountains to see the sun rising.*

Я умы́лся, оде́лся means *я умы́л себя́, я оде́л себя́*. The subject is the direct object of the action performed by itself.

In literature these verbs are also used figuratively with a noun denoting an inanimate object as subject.

Example:

Берёзки давно́ **оде́лись**. (Чако́вский)	*The young birches had long since attired themselves. (Chakovsky)*

---

* These phrases containing *себя́* are not used in Russian. They are given here merely to help the reader understand the meaning of the phrases containing the verbs with *-ся, -сь*.

Table 11

VERBS WITH RECIPROCAL REFLEXIVE MEANING

This Voice group includes such verbs as:

обниматься *to embrace (each other)*
ссориться *to quarrel (with each other)*
встречаться *to meet (each other)*
целоваться *to kiss (each other)*
тесниться *to jostle (each other)*
толкаться *to push (each other)*
договариваться *to come to an agreement (with each other)*
здороваться *to greet (each other)*
подружиться *to become friends (with each other)*
соревноваться *to compete (with one another)*

These verbs express actions performed by two or more persons, each person not only performing the action but also being the object of the same action performed by the other person(s).

The suffix *-ся* has the meaning of the pronoun *себя* 'each other, one another'.

The meaning of the Voice is particularly clear when the subject is in the plural.

> Мы обнимаемся. = Мы обнимаем друг друга.
> Мы целуемся. = Мы целуем друг друга.

E x a m p l e:

Друзья встречаются вновь. *Friends meet again.*

Two or more persons meet. Each of them performs the action and at the same time is acted upon by the other person(s) performing the same action.

If the verb is in the singular the instrumental case with the preposition *с* must be added to the verb to express reciprocal action.

Example:

Я **встре́тился** с това́рищем по́сле до́лгих лет разлу́ки. *I met my friend after long years of separation.*

Reciprocal action is expressed not only by the Voice form of the verb but also by the noun in the instrumental with the preposition *с* (*с това́рищем*).

Table 12

VERBS WITH GENERAL REFLEXIVE MEANING

Unlike the corresponding transitive verbs, verbs of this group show that the action is concentrated on the subject itself.

Compare the verbs of the same lexical group:

наклони́ть что́-то —	наклони́ться самому́
to bend something	*to bend*
ра́довать кого́-то —	ра́доваться самому́
to gladden someone	*to be glad*

General reflexive verbs fall into two sub-groups.

Sub-Group A

Verbs of Sub-Group A denote external physical changes of the agent (person or thing), viz. changes of movement, position in space or state.

остана́вливаться *to stop*
нести́сь *to rush (along)*
броса́ться *to rush*
возвраща́ться *to return*
враща́ться *to revolve*
повора́чиваться *to turn round*

дви́гаться *to move*
кача́ться *to swing*
наклоня́ться *to bend*
ложи́ться *to lie (down)*
спуска́ться *to descend*
поднима́ться *to ascend*

Examples:

Он **поднима́ется** по ле́стнице. *He is going upstairs.*
Я **наклоня́юсь**. *I bend.*
Ма́льчик **останови́лся**. *The boy stopped.*
Кора́бль **несётся**. *The ship is rushing along.*
Ве́тка **наклоня́ется**. *The branch bends.*
Поднима́ется ве́тер. *The wind is rising.*

Sub-Group B

Verbs of Sub-Group B denote internal emotional states, feelings of a living being.

ра́доваться *to be glad*	заду́мываться *to sink in thought*
волнова́ться *to worry*	серди́ться *to be angry*
беспоко́иться *to be uneasy*	любова́ться *to admire*
горди́ться *to be proud*	наде́яться *to hope*
ошиба́ться *to be mistaken*	

Examples:

Я волну́юсь.	*I am worried.*
Ты не серди́сь!	*Don't be angry!*
Вы ошиба́етесь.	*You are mistaken.*

Verbs in a context:

Sub-Group A

Из-за со́пок **поднима́ется** со́лнце.	*The sun is rising from behind the hills.*
Начина́ется день... челове́к **пора́чивается** навстре́чу со́лнцу. (Чако́вский)	*The day is beginning... man is turning towards the sun. (Chakovsky)*

The reflexive verbs *поднима́ется (со́лнце), начина́ется (день), повора́чивается (челове́к)* show physical changes occurring in the agent, they show that the action is concentrated on the subject itself.

Sub-Group B

Мы ра́дуемся на́шим успе́хам, но **успока́иваться** на дости́гнутом не бу́дем. (Из газе́т)	*We are gladdened by our successes, but we shall not rest content with what has been achieved. (From newspapers)*

The verbs *ра́дуемся (мы), не бу́дем успока́иваться (мы)* show the inner feelings of the subject.

Table 13

VERBS WITH OBLIQUE REFLEXIVE MEANING

This Voice group includes such verbs as:

стро́иться *to build (for oneself)*	укла́дываться *to do one's packing*
добива́ться *to try to get*	собира́ться *to get ready*
	запаса́ться *to provide oneself*

These verbs express actions which the subject performs for his (its) own benefit.

стро́иться *to build*	=стро́ить что́-то для себя́ *to build something for oneself*
укла́дываться *to pack*	=укла́дывать что́-то для себя́ *to pack something for oneself*
собира́ться (в доро́гу) *to get ready (for a journey)*	=собира́ть что́-то для себя́ *to get oneself ready for something*

The object of such a verb is either not mentioned or is an indirect one.

запаса́ть (что?) дрова́ *to provide (what?) firewood*	=запаса́ться (чем?) дрова́ми *to provide oneself (with what?) with firewood*

E x a m p l e:

Нового́дняя суета́. Москвичи́ спеша́т **запасти́сь** всем неоходи́мым. (Из газе́т)	*New Year hustle. Moscovites are hurrying to provide themselves with everything necessary. (From newspapers)*

«Скажи́ на ми́лость, стро́-иться на́чали!» — ра́дост-но недоумева́л Корне́й. (Е. Ма́льцев)

"Just imagine that they've begun to build!" Kornei said happily. (E. Maltsev)

Стро́иться на́чали — the emphasis here is laid on the action which the agent (not named in the sentence) performs for his own benefit. The object of the action is not named either.

Table 14

VERBS WITH ACTIVE OBJECTLESS MEANING

This group includes such verbs as:

бода́ться *to butt*	куса́ться *to bite*
Ляга́ться *to kick*	жё́чься *to sting*
брани́ться *to scold*	коло́ться *to prickle*

These verbs denote actions which are typical of certain animate beings or things and are in fact their inalienable attributes.

Ло́шадь ляга́ется. *The horse kicks.* Крапи́ва жжё́тся. *Nettles sting.* Соба́ка куса́ется. *The dog bites.*	Such are permanent attributes of these animals and objects.

But these verbs express actions which may pass over to other things (direct objects):

Коро́ва бода́ется. *The cow butts.*	means	бода́ет кого́-то *butts someone*
Стару́ха брани́тся. *The old woman swears.*	means	брани́т кого́-то *abuses someone*
Крапи́ва жжё́тся. *Nettles sting.*	means	жжё́т кого́-то *sting someone*
Ёж ко́лется. *The hedgehog prickles.*	means	ко́лет кого́-то *prickles someone*

The objects of the action are implied but not mentioned. Verbs in a context:

Со́лнце жгло им спи́ны, куса́лись му́хи. (Че́хов)	*The sun burned their backs, and the flies were biting. (Chekhov)*

The people suffered equally badly from the scorching sun and from the fly bites. *Му́хи куса́лись* — though the object of the action is not mentioned, it is clear that the action of the verb *куса́лись* passed over to people. The verb *куса́лись* not only denotes a permanent quality of flies, but also implies an object.

Table 15

VERBS WITH PASSIVE QUALITATIVE MEANING

This group includes such verbs as:

гну́ться *to bend* рва́ться *to tear*
сгиба́ться *to bend* би́ться *to break*

They denote the ability of the object to be acted upon in a certain way; this is particularly clear in the present tense.

Пру́тья сгиба́ются.	*Twigs bend.*
Паруси́на рвётся.	*Canvas tears.*
Стака́ны бью́тся.	*Glasses break.*

The suffix *-ся* shows that the action is concentrated on the subject and that the latter can be acted upon.

Verbs in a context:

У него́ всё из рук ва́лится. И са́мое смешно́е, что ножи́ и ви́лки не па́дают, а то, что бьётся, обяза́тельно на полу́ ока́зывается. (Сая́нов)	*He drops everything. And the funniest thing of all is that he does not drop knives and forks; but anything that will break manages to fall on the floor. (Sayanov)*

Table 16
VERBS WITH REFLEXIVE PASSIVE MEANING

Verbs of reflexive passive meaning are close to Passive Voice verbs but cannot be considered as properly passive.

Verbs of reflexive passive meaning are reflexive verbs expressing passive perceptions (*вспоминáться* 'to come to one's memory', *представля́ться* 'to appear (to someone)', *припоминáться* 'to be brought to one's memory'), the word denoting the perceiving person being the indirect object in the dative and the subject, the name of the person or thing that is perceived.

| Мне чáсто вспоминáется дéтство. | *My childhood often comes to my memory.* |

The object in the dative denotes the person who recollects his childhood.

The subject (*дéтство*) denotes what is recollected by that person.

When the reflexive verb is replaced by a transitive one the indirect object in the dative becomes the subject and the subject the direct object. The passive meaning is then lost.

Я чáсто вспоминáю дéтство.   *I often recollect my childhood.*

Verbs in a context:

Мне припóмнился давнó забы́тый мотúв. (*cf.* Я припóмнил давнó забы́тый мотúв.)
A long forgotten tune was brought to my memory.

Истóрия послéдних годóв моéй жúзни **представля́лась** мне всё яснéе и яснéе. (Гéрцен) (*cf.* Истóрию послéдних лет моéй жúзни я представля́л всё яснéе и яснéе.)
The story of the last years of my life appeared more and more clearly to me. (Herzen)

Table 17

DIFFERENCE IN MEANING BETWEEN REFLEXIVE VERBS ENDING IN -*СЯ* AND TRANSITIVE VERBS USED WITH THE REFLEXIVE PRONOUN *СЕБЯ*

Он не мог обма́нывать себя́ и уверя́ть себя́, что он раска́ивается в своём посту́пке. (Л. Толсто́й)	Он мог обма́нываться. Он на́чал постепе́нно уверя́ться в правоте́ своего́ посту́пка.
He could not deceive himself and make himself believe that he regretted his action. (L. Tolstoi)	*He could be mistaken. By and by he became convinced of the correctness of his action.*
The sentence with the direct object *себя́* is active. The person expressed by the subject performs an action which passes over to the direct object *себя́*; the predicate is a transitive verb: обма́нываю (кого́?) себя́ *I deceive* (whom?) *myself* уверя́ю (кого́?) себя́ *I make* (whom?) *myself believe* The object of the action (*себя́*) denotes the same person as the subject. The pronoun *себя́* may stand for any person and number: я уверя́ю себя́ ты уверя́ешь себя́ . . . . они́ уверя́ют себя́	The predicates in these sentences are reflexive intransitive verbs. The suffix -*ся*, -*сь* shows that the action is concentrated on, and limited to, the agent itself. *Он не мог обма́нывать себя́* but at the same time *он мог обма́нываться*. This could happen against his will. The action is not directed to anyone or anything, it is performed by the agent, is concentrated on him. The meanings of *обма́нывать себя́* and *обма́нываться* are different. The same difference exists between *уверя́ть себя́* and *уверя́ться*.

A transitive verb with the direct object *себя* cannot be replaced by a reflexive verb without changing the meaning of the sentence.

However, there are cases where the meaning of phrases containing *себя* is not restricted by the meaning of their component parts and where the phrases have a specific meaning. Then in some cases a verb ending in *-ся* is close in meaning to the verb plus *себя*, in other cases their meanings are altogether different.

1. Как вы себя чувствуете?

   How do you feel?

   Я чувствую себя хорошо.

   I feel well.

   В вечернем воздухе чувствуется сырость.

   One can feel dampness in the night air.

   Чувствуется, что вы хорошо подготовились.

   One can feel that you are well prepared.

2. Однако при первой же встрече он держал себя так, как будто ничего не случилось. (Е. Мальцев)

   However, when they met for the first time he behaved as though nothing had happened. (E. Maltsev)

   Она винила себя в том, что держалась с ним недостаточно строго. (Е. Мальцев)

   She blamed herself for not being strict enough with him. (E. Maltsev)

The meanings of the verbs in the examples in (1) are different, but the meanings of the verbs in (2) are nearly the same.

Compare some more examples:

Main Verb	Examples with the Particle -ся	Examples with себя
волновáть to worry, to be agitated	Мать волнýется, не получáя пи́сем от сы́на. *The mother is anxious because there are no letters from her son.* Мо́ре волнýется. *The sea is rough (agitated).*	Не волнýйте себя́ из-за пустяко́в. *Don't worry about trifles.*
выдавáть вы́дать to give away	Скáлы выдаю́тся над мо́рем. *The rocks jut out over the sea.* Сего́дня вы́далось хоро́шее у́тро. *It has turned out a fine morning today.*	Он выдавáл себя́ за знатокá по́льской литератýры. *He gave himself out to be an expert on Polish literature.* Он вы́дал себя́ покраснéв. *He gave himself away by blushing.*
стесня́ть to restrict, to embarrass	Онá стесня́лась говори́ть о своём го́ре. *She was ashamed to speak of her misfortunes.*	Он не хотéл стесня́ть себя́ ни в чём. *He did not wish to deny himself anything.*

Main Verb	Examples with the Particle -ся	Examples with себя
вы́разить to express	Расхо́ды **вы́разились** в су́мме 300 рубле́й. *The expenses amounted to 300 roubles.* Кто́-то в толпе́ гру́бо **вы́разился.** *Someone in the crowd used bad language.*	Áвтору каза́лось, что он не смог **вы́разить себя́** в своём произведе́нии. *It seemed to the author that he had failed to express himself in his work.*
назва́ть, называ́ть to call	Как **называ́ется** э́та у́лица? *What is this street called?*	Я **назва́л себя́.** *I gave my name (named myself).*
слу́шать to listen to	**Слу́шается** де́ло... *The case of... is now being heard.* Почему́ ты не **слу́шаешься?** *Why don't you obey?*	Он **слу́шал** то́лько **себя́.** *He would listen only to himself.*
вести́ to lead, to carry on	Разгово́р **вёлся** вполго́лоса. *The conversation was carried on in low voices.*	Ма́льчик пло́хо **вёл себя́** и не слу́шал никаки́х угово́ров. *The boy behaved badly and would listen to no arguments.*

Main Verb	Examples with the Particle -ся	Examples with себя
повторя́ть *to repeat*	Вы повторя́етесь! *You repeat yourself!* Это повторя́ется из го́да в год. *This is repeated year after year.*	В но́вых роля́х он сно́ва и сно́ва повторя́л себя́. *He repeated himself again and again in the new roles.*

EXERCISES

Exercise 1

A. Copy out the text, underline the transitive verbs once, the intransitive verbs twice and the direct objects with a wavy line.

На склоне невысокой... сопки стоит человек... Человек молчит; никто не знает, о чём он сейчас думает. Но если бы можно было слушать мысли, вот что мы услышали бы:
— Друзья мои, дорогие советские люди! Приезжайте к нам на Южный Сахалин... Здесь... вы будете строить новую, советскую жизнь... Вы сможете добыть на Сахалине миллионы тонн нефти. Вы загрузите сахалинским углём десятки тысяч эшелонов. Вы положите на прилавки тамбовского или пензенского магазина великолепную дальневосточную рыбу. Вы снабдите все советские типографии нашей бумагой... Вы заставите нашу землю родить хлеб. Вы будете добывать здесь торф, ртуть, медь; вы превратите наш остров в остров счастья... Вы увидите китов, гигантских крабов, осьминогов, сплюснутую тысячами тонн воды камбалу и ещё многое...
Вы будете разведывать недра, штурмовать горы... Вы будете воздвигать новые советские города!

(Чаковский)

B. Compose three sentences containing the verbs:

знать, понимать, слушать.

Exercise 2

A. Copy out this text, underline the transitive verbs once, the intransitive verbs twice and the direct objects with a wavy line. Copy out the intransitive verbs in three columns: (I) reflexive verbs, (II) verbs denoting a physical state, (III) verbs denoting actions which have no objects or take prepositional objects.

Перед штормом

Шторм ещё не начался, но всё предвещало его приближение. Над морем пронёсся резкий, холодный шквал ветра. Снега на сопках мгновенно почернели.

Огромная зловещая туча нависла над морем и сушей. Стало трудно дышать. Море на глазах пустело. Суда... спешили к берегу.

На пирс выбежали десятки людей... Здесь командовал Венцов. Он торопливо разбивал людей на бригады и каждой бригаде поручал заботу о том или ином сооружении. Снова налетел резкий шквал ветра...

(Чаковский)

B. Copy out from (I) and (II) first the transitive and then the intransitive verbs. Compose sentences containing five transitive and five intransitive verbs. Underline the direct objects of the transitive verbs.

I. белить — белеть; заезжать — заездить; сушить — сохнуть; обессилеть — обессилить.

II. заботиться; воспитать; вредить; уничтожить; наступить; раздавить; овладеть; взять.

Exercise 3

A. Copy these sentences, underline the subjects once, the predicate verbs twice and the direct objects with a wavy line. Translate these sentences into English.

Ветер высоко поднял птицу, летевшую к берегу, и со всего размаху швырнул её в воду...
Чайки что-то клевали у самой воды...
Кто-то огромной ладонью отодвинул туман и разбросал по небу облака.

(Чаковский)

B. Copy out from any book of fiction six sentences containing verbs in the Active Voice. Define the relations between the performer of the action and its object in each sentence.

Exercise 4

A. Copy out these sentences, underline the words denoting the subject once, the predicate verb twice and the direct objects with a wavy line. What is the voice of the predicate verbs? Do all the transitive verbs take direct objects? Note that the transitive verbs used without objects express the ability to perform the action denoted by the verb.

Илья Эренбург говорит: Я часто встречаю необыкновенных читателей, вижу чудесную молодёжь, которая ищет, критикует, любит, ненавидит и смело смотрит вперёд.

(Из газет)

B. Compose sentences, using as predicates the verbs:

искáть; критиковáть; люби́ть; ненави́деть.

C. Give a written description of how you study Russian. Underline all the transitive verbs in your composition.

Exercise 5

A. Compose sentences containing reflexive verbs formed by adding the suffix *-ся* to the following transitive verbs. What voice group do the reflexive verbs belong to?

мыть; катáть; дразни́ть; охраня́ть; собирáть (вéщи); целовáть; огорчáть.

B. Change the following sentences replacing the transitive verbs by reflexive ones.

1. Вéтер гнёт дерéвья к землé. Дерéвья ... — 2. Мальчи́шки браня́т друг дрýга. Мальчи́шки ... — 3. Шум раздражáет, волнýет больнóго. Больнóй ... — 4. Мы запасли́ дровá нá зиму. Мы ... — 5. Мы игрáли пьéсу мнóго раз. Пьéса ... — 6. Мы закупáем продýкты на колхóзном ры́нке. Продýкты ...

Exercise 6

Replace the active constructions by passive ones. Before doing this, copy out the sentences and underline the subjects once, the predicates twice and the direct objects with a wavy line. Replace the transitive verbs by reflexive ones. Underline the subjects in the passive constructions once, the predicates twice and the objects in the instrumental with a wavy line. Explain how the syntactical function of the predicate and the direct object changes when the active construction is replaced by a passive construction. Point out the real performer of the action and its real object in the passive constructions.

Example:

Я в тысячный раз переживáю этот ужáсный день.
Этот ужáсный день переживáется мнóю в тысячный раз.

1. Зверолóвы приамýрской тайги́ лóвят ти́гров. — 2. Урожáй хлóпка собирáет хлопкоубóрочная маши́на. — 3. Научные институ́ты СССР изучáют конкрéтные проблéмы мéстных хозя́йств. — 4. Учёные научных институ́тов вывóдят лýчшие сортá хлóпка.

Exercise 7

Copy out these sentences, underline the verb forms in the Passive Voice twice and the nouns which they qualify once; underline the objects in the instrumental, if any, with a wavy line. How is the Passive Voice expressed? What parts of the sentence are these forms? What is the meaning of the objects in the instrumental? What are the functions of the nouns which are qualified by the verbal forms in the Passive Voice?

1. Поэ́зия люби́ма сове́тским челове́ком, и си́ла её велика́, и ра́дость, доставля́емая е́ю, огро́мна. (Л. Со́болев) — 2. Загреме́ла лебёдка, и тяжёлые, перепо́лненные ры́бой се́ти бы́ли по́дняты на борт рыболо́вного су́дна. Морска́я пове́рхность была́ покры́та кипя́щей бе́лой пе́ной. (Чако́вский) — 3. Не́вод был устано́влен ме́нее, чем в ми́ле от бе́рега. (Чако́вский) — 4. Венцо́в был в рези́новых сапога́х, обле́пленных ры́бьей чешуёй. (Чако́вский) — 5. Челове́к не до́лжен бо́лее испы́тывать бе́дствий, порожда́емых войно́й. — 6. В колхо́зной библиоте́ке вися́т спи́ски рекомендо́ванной литерату́ры.

B. Compose sentences containing the passive participles:

организу́емый, организо́ванный, организо́ван.

Exercise 8

Replace the active constructions by passive ones, using short form passive participles predicatively. Underline the subjects in the passive constructions once, the predicates twice and the objects in the instrumental with a wavy line. Explain how the syntactical functions of the subject and the direct object change when the active construction is replaced by the passive one. What part of the sentence denotes the performer of the action in the passive construction? What does the subject denote? Translate your sentences into English.

Example:

Шторм разогна́л костя́ки ры́бы.
Костя́ки ры́бы бы́ли разо́гнаны што́рмом.

1. Шторм унёс не́воды с ры́бой в мо́ре. — 2. Шторм вы́бросил се́ти с ры́бой на бе́рег. — 3. Ве́тер сорва́л с кры́ши листы́ желе́за. — 4. Ры́ба запо́лнила трюм и па́лубу. — 5. Мы вы́полним план семиле́тки ра́ньше сро́ка.

Exercise 9

Copy out these sentences, supplying predicate verbs chosen from those given on the right and putting them in the tense form indicated in brackets.

1. Поезд ... (*past*) на юг. Поезд ... (*past*) нас на юг.	мчать; мчаться
2. Я ... (*past*) солнцу и теплу юга. Солнце и тепло юга ... (*past*) меня.	радовать; радоваться
3. Стада в степях ... (*pres.*) сторожевыми собаками. Стада в степях ... (*pres.*) сторожевые собаки.	охранять; охраняться
4. И новые друзья стали... и ... (*pres.*). И новые друзья стали ... и ... (*pres.*) друг друга.	обнимать; обниматься целовать; целоваться
5. Люди молчаливо ... (*past*), уступая место подошедшим.	потеснить; потесниться
6. Саша ... (*past*) и прыгнул в воду.	раздеть; раздеться
7. Такой урожай яблок, что сучья ... (*pres.*).	ломить; ломиться
8. Мы ... (*past*) продуктами на неделю. Мы ... (*past*) продукты на неделю.	запасать; запасаться
9. Детей к лошади не подпускали, она ... (*past*).	лягать; лягаться
10. В Каменной степи учёными ... и ... (*pres.*) новейшие достижения мичуринской науки. В Каменной степи учёные ... и ... (*pres.*) новейшие достижения мичуринской науки.	испытывать; испытываться проверять; проверяться
11. Вася видел, как зайцы ... (*pres.*) лапками.	умывать; умываться
12. Корову держали на привязи: она ... (*past*) детей. Корову держали на привязи: она ... (*past*).	бодать; бодаться

Exercise 10

Supply the required forms of the appropriate verbs chosen from those in brackets.

... Мажа́ров, посме́иваясь, стал ... (вспомина́ть — вспомина́ться), как он, прочита́в «О́вода», «Андре́я Ко́жухова», «Что де́лать?», ... (реши́ть — реши́ться) быть таки́м же си́льным, непрекло́нным и бесстра́шным, как геро́и э́тих книг, — ... (спать — спа́ться) на сыро́й земле́ в сара́е, на го́лых доска́х, ... (купа́ть — купа́ться) в ледяно́й воде́, ... (броса́ть — броса́ться) вниз голово́й с высо́кого обры́ва, ... (вызыва́ть — вызыва́ться) на са́мую тяжёлую и чёрную рабо́ту.

(Е. Ма́льцев)

KEY TO THE EXERCISES

Exercise 1

A. Transitive verbs and their direct objects:

зна́ет (что); слу́шать мы́сли; услы́шали бы вот что; бу́дете стро́ить жизнь; смо́жете (что); добы́ть миллио́ны (тонн не́фти); загру́зите деся́тки ты́сяч (эшело́нов); поло́жите ры́бу; снабди́те типогра́фии; заста́вите зе́млю; роди́ть хлеб; бу́дете добыва́ть торф, ртуть, медь; преврати́те о́стров; уви́дите кито́в, кра́бов, осьмино́гов, ка́мбалу и мно́гое; бу́дете разве́дывать не́дра; штурмова́ть го́ры; бу́дете воздвига́ть города́.

Intransitive verbs:

стои́т; молчи́т; ду́мает (о чём); приезжа́йте.

Exercise 2

A. Шторм ещё не начался́, но всё предвеща́ло его́ приближе́ние. Над мо́рем пронёсся ре́зкий, холо́дный шквал ве́тра. Снега́ на со́пках мгнове́нно почерне́ли. Огро́мная злове́щая ту́ча нави́сла над мо́рем и су́шей. Ста́ло тру́дно дыша́ть. Мо́ре на глаза́х пусте́ло. Суда́... спеши́ли к бе́регу. На пирс вы́бежали деся́тки люде́й... Здесь кома́ндовал Венцо́в. Он торопли́во разбива́л люде́й на брига́ды и ка́ждой брига́де поруча́л забо́ту о том и́ли ино́м сооруже́нии...

Сно́ва налете́л ре́зкий шквал ве́тра.

(Чако́вский)

I. начался́; пронёсся.

II. нави́сла; почерне́ли; дыша́ть; пусте́ло.

III. спеши́ли (к бе́регу); вы́бежали; кома́ндовал; налете́л.

B. Transitive verbs:

I. бели́ть; зае́здить; суши́ть; обесси́лить.
II. воспита́ть; уничтожа́ть; раздави́ть; взять.

Intransitive verbs:

I. белеть; заезжать; сохнуть; обессилеть.

II. заботиться (о ком); вредить (кому); наступить; овладеть (кем, чем).

Exercise 3

А. Ветер высоко поднял птицу, летевшую к берегу, и со всего размаху швырнул её в воду.
Чайки что-то клевали у самой воды.
Кто-то огромной ладонью раздвинул туман и разбросал по небу облака.

Exercise 4

Илья Эренбург говорит: «Я часто встречаю необыкновенных читателей, вижу чудесную молодёжь, которая ищет, критикует, любит, ненавидит и смело смотрит вперёд».

(Из газет)

The transitive verbs *ищет, критикует, любит, ненавидит, смотрит* have no objects.

Exercise 5

А. мыть — мыться (*Proper Reflexive Voice*)
катать — кататься (*General Reflexive Voice*)
дразнить — дразниться (*Active Objectless Voice*)
охранять — охраняться (*Passive Voice*)
собирать — собираться (*Oblique Reflexive Voice*)
целовать — целоваться (*Reciprocal Reflexive Voice*)
огорчать — огорчаться (*General Reflexive Voice*)

В. 1. Деревья гнутся к земле. 2. Мальчишки бранятся. 3. Больной раздражается, волнуется из-за шума. — 4. Мы запаслись дровами на зиму. — 5. Пьеса игралась нами много раз. — 6. Продукты закупаются нами на колхозном рынке.

Exercise 6

1. Звероло́вы приаму́рской тайги́ ло́вят ти́гров.— 2. Урожа́й хло́пка собира́ет хлопкоубо́рочная маши́на.— 3. Нау́чные институ́ты СССР изуча́ют конкре́тные пробле́мы ме́стных хозя́йств.— 4. Учёные нау́чных институ́тов выво́дят лу́чшие сорта́ хло́пка.

       object   *performer of action*
1. Ти́гры ло́вятся зверолова́ми приаму́рской тайги́.—
object   *performer of action*
2. Урожа́й хло́пка собира́ется хлопкоубо́рочной маши́ной.—
                object
3. Конкре́тные пробле́мы ме́стных хозя́йств изуча́ются
performer of action   *object*
нау́чными институ́тами СССР.— 4. Лу́чшие сорта́ хло́пка
       performer of action
выво́дятся учёными нау́чных институ́тов.

Exercise 7

1. Поэ́зия люби́ма сове́тским челове́ком, и си́ла её велика́ и ра́дость, доставля́емая е́ю, огро́мна. (Л. Со́болев) — 2. Загреме́ла лебёдка, и тяжёлые, перепо́лненные ры́бой се́ти бы́ли по́дняты на борт рыболо́вного су́дна. Морска́я пове́рхность была́ покры́та кипя́щей бе́лой пе́ной. (Чако́вский) — 3. Не́вод был устано́влен ме́нее чем в ми́ле от бе́рега. (Чако́вский) — 4. Венцо́в был в рези́новых сапога́х, обле́пленных ры́бьей чешуёй. (Чако́вский) — 5. Челове́к не до́лжен бо́лее испы́тывать бе́дствий, порожда́емых войно́й.— 6. В колхо́зной библиоте́ке вися́т спи́ски рекомендо́ванной литерату́ры.

The Passive Voice is expressed by passive participles in the complete and short forms.

The short form passive participles are used predicatively: люби́ма; бы́ли по́дняты; была́ покры́та; был устано́влен.

The complete form passive participles are used attributively:

доставля́емая (ра́дость), перепо́лненные (се́ти), обле́пленных (сапога́х), порожда́емых (бе́дствий), рекомендо́ванной (литерату́ры).

The object in the instrumental denotes performer of the action which the action proceeds.

Exercise 8

1. Нево́ды с ры́бой бы́ли унесены́ што́рмом в мо́ре.— 2. Се́ти с ры́бой бы́ли вы́брошены што́рмом на бе́рег.— 3. Листы́ желе́за бы́ли со́рваны с кры́ши ве́тром.— 4. Трюм и па́луба бы́ли запо́лнены ры́бой.— 5. План семиле́тки бу́дет вы́полнен на́ми ра́ньше сро́ка.

When the Active Construction is replaced by the Passive, the direct object becomes the subject and the subject the object in the instrumental.

In the Passive Construction, the object in the instrumental denotes the performer of the action. The real object of the action is the subject of the sentence.

Exercise 9

1. мча́лся; мчал.— 2. ра́довался; ра́довали.— 3. охраня́ются; охраня́ют.— 4. обнима́ться, целова́ться; обнима́ть, целова́ть.— 5. потесни́лись.— 6. разде́лся.— 7. ло́мятся.— 8. запаса́лись; запаса́ли.— 9. ляга́лась.— 10. испы́тываются и проверя́ются; испы́тывают и проверя́ют.— 11. умыва́ются.— 12. бода́ла; бода́лась.

Exercise 10

...Мажа́ров, посме́иваясь, стал вспомина́ть, как он, прочита́в «О́вода», «Андре́я Ко́жухова», «Что де́лать?»*, реши́л быть таки́м же си́льным, непрекло́нным и бесстра́шным, как геро́и э́тих книг,— спал на сыро́й земле́ в сара́е, на го́лых доска́х, купа́лся в ледяно́й воде́, броса́лся вниз голово́й с высо́кого обры́ва, вызыва́лся на са́мую тяжёлую и чёрную рабо́ту.

---

* *The Gadfly* by E. L. Voynich, *Andrei Kozhukhov* by Stepniak-Kravchinsky and *What's to be Done?* by N. G. Chernyshevsky.